一年生までゆっくりと

はじめに

幼い子と暮らす日々は、いいことや少し気になることもふくめてしゃべりたいことが山ほどあります。ついこの間までは、家族や近隣のだれかれ、その時々に耳を傾けてくれた人がいました。息せき切ってしゃべっていると、何だか重いものがすうっと溶けていくようで、ほっとしたものです。

「ふーん、そんなことがあったの」
「まあまあ、びっくりしたでしょう」
「わぁ、よかったねぇ」

そんなことばで、いっしょに驚いてくれたり、笑って喜んでくれたりするだれかがいること。どうしたらいいのかしらと、迷うことばっかりでも、まずは聞いてもらえる。それが安心の第一歩だったのです。

いつでも、何でも話し合える人々の輪（和）が、消えてしまいそうな昨今。家の中に母子でこもってしまったり、多くの情報を得たことで満足してしまったりする、やや歪んだ育児の現象が目立ちます。みんなも経験している何気ないことなのに、ずうっと先のことにまで結びつけて、考え込んでしまう人もいます。気軽に話して相談できたら、もっと早くに笑顔で子どもと向き合えるのに……と思うのです。

まだ文を書くことになれない一年生を、その気にさせる方法の一つに、〝てがみ〟があります。

・一ばんに話したい人に

・会って、おしゃべりするつもりで……

その相手を思い浮かべ、いつもの話し合いそのままに書いていく。目的意識をもつと、すらすらと書き進むのです。

子どもも大人も、胸の内にあるものをだれかに話して、ゆっくり聞いてほしい気もちは同じです。伝え合う場がいるのです。顔を合わせ生のことばで、互いに語り合う以上の喜びはありません。それがゆるされないなら、短いメールではなく、たまには手紙でのやりとりを……それが現在忘れられそうになっていて残念です。

若い母親からの手紙は、ときに激しく悩み、ときに苦笑したくなるできごとに満ちています。子育てまっ最中、孤軍奮闘している彼女に、できるだけ現在の一年生の様子に照らして返事を書きました。
それは幼児期に、知的な要求をしがちな現在の風潮があるからです。もっとのびのびと、もっと自由にすごしている、本質的には変わっていない、子どもの本来の姿を知らせたいと思ったからです。

・あいうえお……五十音の文字の読み書き
・計算に代表されるプリント学習への過大な評価

それだけが本当の学力ではないことをいいたかったのです。

〝おくりものは、ことば〟

心のこもったことばにつつまれて、子どもは聞く耳を育て、また自分のことばを育てていきます。人間がもっている何よりのたからもの〝ことば〟を磨き、ことばにこめられた心をくみとることで、本当のやさしさも身についていくのですから……
子どもとくらすたくさんの人に、元気な子どもの声を集めて手紙を書きました。

井上　修子

一年生までゆっくりと　目次

カバー画・本文装画　是常哲生

第一章　ママは布ランドセル

食卓におはなしごちそうを

「センセー　センセー」

買い物客でにぎわう駅前通り、向かい側から手を振っている若い女の子。信号が変わって近づきながら、もう叫んでいます。

「わたし覚えてます？　一年生のとき、ほら、一番前で皮のランドセルじゃなくて……重すぎるからって……」

「えっ、もしかしてK子ちゃん。あのきれ（布）のランドセルの……あの小さかった……」

四月一日生まれの一年生

学齢期は四月一日が境界。つまりその年入学する新一年生というのは、四月二日から次の年の四月一日までに生まれた子どもたちです。昔から〝早生まれ〟とよく言われる子は一月から四月一日までに生まれたのです。

「早生まれでたよりなくて、この子は大丈夫でしょうか」

と聞く人には、

「少しばかり早生まれでも、何も心配はいりません。一年生が終わるころには、みんなたくましくなりますよ」

と言い続けてきました。

そんな私にとって忘れられないのは、K子ちゃんを担任した年でした。子どもたちの生年月日を見てびっくり。何と丸々一年の差がある二人がいるのです。

四月二日生まれ　もう七歳になっている
四月一日生まれ　やっと六歳になった

つまり入学式までに七歳の誕生日を祝った子と、六歳になったばかりの子がいっしょに一年生なのです。うーん、これは珍しい。でもあり得ること。よく考えてみると一年三六五日の積み重ねは大きい。大人じゃなくて、幼い子にとっての一日一日はなおさら貴重なもの。丸一年の生活の差はどんなものだろう。体力は……ことばは……

四十数人の中の二人、でも存在が気になって仕方ありません。他の先生方にも経験を聞きました。中には生まれ月の近い子で学級編成をしたこともあったとか、記録をとっていろいろな能力を調べたとか、次々に話が出てきました。

「大丈夫。きっと元気すぎる子がいっぱいいて、鍛えられていくのよ」

「ほら就学時検診（入学前の身体検査、全国的に十一月頃実施される）でも、何の問題もないし、背の小さいのはすぐ伸びるって。それにしても、ちょっと軽すぎる」

「そりゃそうよ。一年間に食べたごはんの量だけでも、ずい分ちがうよ。一日お茶わん三ばい分として三六五倍すると、ええーっと……牛乳なら……おやつにしてもそりゃあ、もう……」

なんて最後は笑ってしまいました。

K子ちゃん、あなたはその四月一日生まれ。六歳になって一週間もたたないうちに一年生。だれよりも軽く、だれよりも小さい本当にかわいい女の子でした。どこへ行くときも一番前にいて、何かあるとわたしの手をしっかり握っていました。

ランドセルのこと覚えていますとも。小さなK子ちゃんには、重い皮のランドセルは無理なので、お母さんの手作りランドセルだった。大好きなうさぎのアップリケがついたデニムのランドセル。ふたも中の構造もよくできていて、ちゃんと教科書やノートも入った。

あの布のランドセルのK子ちゃんが二十数年後の若いママ。私の目の前で今、あっけにとられるほどの早口で、一方的にしゃべってしゃべって……その迫力に圧倒されました。私がまだ一年生と共に過ごしている教師であると確かめて、たちまち人生相談ならぬ育児相談にきりかえたのね。

今一番の悩みは、もうすぐ三歳になる坊やのこと。

「私とおんなじ早生まれ。でも三月」

と恥ずかしそうに前置きしてからの話。坊やは何もかもおっとりとしていて、あなた流にいうと〝何をさせても、モタモタ、ノロノロ。モゴモゴ食べて、ボォーッとしてる子〟

もうそのくらいでいいじゃないと止めたいほど並べたね。マイペースで一人遊びが好き。お気に入りのおもちゃで遊んでいればごきげん。でも友だちと遊べないってわけじゃない。同じ年頃の子がいると、ゆったりのんびり友だちの後ろについて回って、いっしょに遊んでるんだって。

それでいいじゃないの……というのは他人事みたいで申し訳ない。あなたにすれば、友だちの中で自分を主張したり、大人、子どもを問わず話しかけられたらパパッと受け答えしたりができない。その上けんかもあんまりしない。そんな坊やが少しものたりないのでしょう。もしかして、このまま一年生になったら、チビとかいわれていじめられるかもしれない。まだまだ先の学校生活のことまで心配しているあなたを見ていると、ふっと巻き戻したテープみたいに、遠い日のことがかえってきました。

ハンバーグも半分で

　とびきり小さかったことで注目されたK子ちゃんは、大事にされすぎていると思うほど守られていました。ちょっと大きい二年生もペア学級として、いろいろな行事にいっしょに参加する六年生からも。一年生なのにひるむことなく上級生にとびついていく野性味あふれる男の子や、何をするにも甘えっ放しの女の子もいたけれど、そんな中で黙ってみんなのすることを見ていました。

　何回かのふれあいがあった後で、六年生がこんなことを話してくれました。

「ぼく、次もK子ちゃんのお兄さんになるよ。あの子、おんぶしてておろしたら、『ありがとう』ってにっこりする。別れるときも、ちゃんとぼくの目を見て『ありがとう。さようなら』って言うよ」

「ぼくも遠足のグループで、さあ弁当、パクっといこうかってとき、横でK子ちゃんが『いただきます』って言うのが聞こえてん。言うときますけど、場所とりしてシート並べて用意したのはぼくですからね。でも、あっと気がついて、みんなであいさつした。ああ、はずかしぃ」

「わたしも毎朝、登校班で連れてくるんだけど、『おはようございま

あいうえおより
あいさつを

「あん」
「あーとう」
小さな両手に何か
もらって　にっこり

「ありがとう」
「いただきます」
「ごちそうさま」

あいさつは　あかちゃんのとき
から
ちゃんとできる
大人の　まねをして

す』って、あいさつの声は大きいよお」

やっぱりとうれしくなりました。入学前から気がかりだった小さな身体、これは目に見えるし守ることもできる。でも六歳としての社会性はどうだろう。恵まれた環境の子が多くなり、大人が待ち受けていて先へ先へと子どもが意志表示する前に物事を片づけてしまう傾向が強い。ましてや第一子で集団生活に入れる場合、あれもこれもと過保護になりやすい。K子ちゃんも何かしてもらって当然、頼りきっているのではと危惧していました。でも違っていた。その上体は小さくても、K子ちゃんはだれにも負けない大きなものを持っていました。それは〝たしかなことば〟

給食が始まると他の子より少量、でもよく噛んで自分の分は残さず食べました。みんな大喜びのハンバーグも

「はんぶんにしてください」

と持ってきて、当番が待っているとおしまいになっても全部食べて

「ごちそうさま」

デザートに果物やゼリーがあると少食の子はパンやおかずを残してでも食べようとします。でも自分で適量を決めて、みんなの

「えっデザートはんぶんでいいの？」

の声に机の上を見回してから
「これでいいの。いろいろたべるのがすき」

と言って食べ始めます。そんな様子をじっと見ていると、お母さんの話を思い出しました。

「食が細いので祈るような気持ちで食事の時間を大事にしました。二人でお昼のときはパパの席にくまさん座らせて、あいさつごっこ。何もなくても勝手に〝おはなしごちそう〟いっぱいつけ合わせて…

小さな口に何とか入れて
・あかいトマト、おひさまのげんきがK子にはいった。
ピーマンのちからもはいった。
・やさい、やさい、ありがとう。
・ほそいキャベツ、ピンピン。
K子もピンピン、げんきになあれ。

一口食べるとゆっくりかんでのみこむように時間をかけて、楽しんで味わうように心がけました。だから大きくなった今でも、家族そろっておしゃべりごはんなんです」

K子ちゃん、あなたの食事も〝おはなしごちそう〟でいっぱいですか。テレビの音に邪魔されずに、おいしい時間を味わっています か。

〝ことば力〟と名づけたい子どもにとっての大きな力は、どこで育っていくのでしょう。その力は、確実に入学してからの学力につながっていくのです。何十年も一年生を担任し、たくさんの家庭と子どもを通して、そのことを考えてきました。

あの後届いた長いお手紙を読んで、味方を得たようで明るくなりました。あなたの悩みは私の悩みとして、いっしょに考えてみましょう。それにしても質問続出。

若いママたちが経験していない生活科のこと。二歳までに、いいえ生まれてすぐ舞い込むおけいこごとのすすめ、計算塾のこと、子育てについての情報、ああ大変、としか言えない。焦らずに一つずつ、お返事書きます。

のんびり坊やに

そうそう大至急、大特急、教えてくださいって絵本のこと。のんびりやの上にこわがりで気弱で…と、またママが決めつけてるみたいで気になります。でもママの声で（もちろんパパの声でも）毎日読んであげてほしいから絵本のことも大歓迎。

『ラチとらいおん』（福音館書店）
マレーク・ベロニカ　文・絵
とくながやすもと　訳

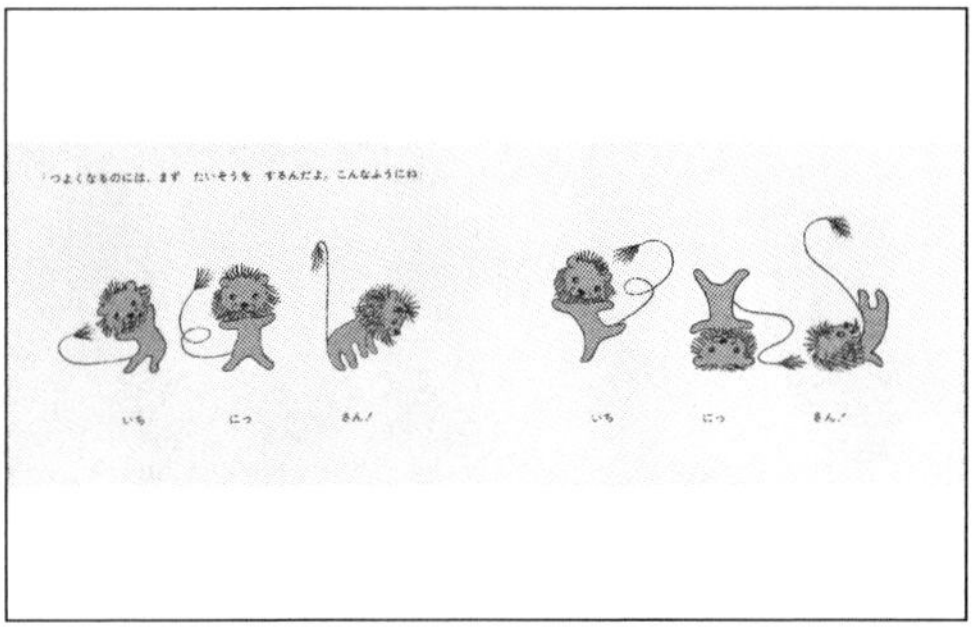

今日の私のおすすめ

この本は坊やをひざに乗せて、ゆっくり読んでね。ちょっと落ち込んだとき〝らいおんたいそう〟いっしょにしたら、すぐ元気になれるよ。私の大好きな本、坊やのお気にいりになってくれたらいいけれど…

では、またお返事書きます。

第二章　パンツ一枚になっても

愛のことばは　体重の何百倍

K子ちゃん、私の手紙をくり返し読んでくれたって。『結婚して家庭を作り、すぐに母になってしまい、あまりの忙しさ大変さにとりまぎれて、忘れてしまっていたことを思い出しました。自分の親がどんな気持ちで育ててくれたか、ちょっぴりわかりかけました』って。だれでもそうよ。自分が親になってみて初めてわかってくるものよ。

直撃！　ママと坊やの朝

早生まれのこと、やっぱり気にしてたのね。一人遊びが好きで、マイペースの坊やのこと。まわりの子と比べて、三月生まれだから何をしても一番遅くていい。見守っていればそのうちにできると、自分に言い聞かせながらもいらいらしてつい手助けしてしまうこと。

もう一方で自分が何か仕事をしている時、のんびりしている様子になれきって『まあ　いいや、そのうちできるよね。だって三月生まれだもん』と、それを理由にして放任しているんじゃないかな、これでいいのかなと反省。二つの波にゆれているような毎日…

小さなことですがって『朝の着がえ』のこと。**直撃！ママと坊やの朝**――なんてワイドショーを見るように、よくわかります。

幼い子どもにとって〝衣服の着脱〟ということは、とても大きな仕事。

こんなことなら、思うようにできた赤ちゃんの頃がなつかしい。細い手が折れないかしらとひやひやしながら、ガーゼの肌着を着せたら、うーんと背のびしてた。

もう三歳になったのに、一人でパジャマをぬぐのに何分、いいえ何十分も……その間に何回大きな声で叱ってしまうか。もういやになって…

読みながらずうっと前、幼児番組にあった〝パジャマでおじゃま〟を思い出しました。用意されたパジャマを、短い時間に一人で着るという、ただそれだけなんだけれど覚えています。頭からかぶるのや、前ボタンのもの、それぞれに取り組んで、やっと顔を上げて〝ハイ・ポーズ〟っていい顔に。

子どもが自分流のやり方で、真剣に着ている表情がとてもよかった。まわりでハラハラドキドキしている大人のことなど、全然気にしないで、穴を探してボタンを入れる指の動きに「もう少しよ　そうそう」なんて、つい応援したくなったものです。

赤ちゃんの指先はとても力があるでしょう。小さなゴミをめざとく見つけて、つまんで口に入れたり、おっぱいを飲みながら、細い指で「あっいたい」って思わず叫んでしまうほどピッとつねったり(モチロン赤ちゃんはつまんだだけ)ね、経験あるでしょう。

指の力、手の感覚はどんどん発達して、手当たり次第、手にとって——つまり子どもが、自分の手でさわって、たしかめて、やってみて、覚えていくことの多いこと。

この前、入学後の身体測定がありました。身長・体重・胸囲・座高等を計る用具がそろった部屋。その上、知らない先生たち。おふろやさんの脱衣場風に、ずらりと並んだプラスチックのかご。

家庭にも知らせてあり、教室でも話してあるけれど、入室する前から緊張気味の一年生。かごの中に着ているものを入れて、パンツ一枚になるまでの一人ひとりを見ていると、あらあら・まあまあの連続。

入学までにつけておいてほしい〝基本的な生活習慣〟は、いろいろあります。その中の衣服についての身のまわりの始末は、

下着　洋服　くつ下などを　着たり
ぬいだり　たたんだりすることが
できる

できて当然といいたいところだけど、目標からはほど遠い現状です。

口をぎゅっと結んで、一枚一枚ぬぎ、自分のかごへきちんと入れる子もいます。でも近寄ってみると
◎ひっぱって　ひっぱって
◎ぬいだら　ちゃんと……
◎おそでとおそで　こっつんこ
◎くつした　くつした　ふたつ
なんて　つぶやきが聞こえます。

手がさっさと動く子は、自分のすることをことばでたしかめながら、やっていたりします。つまり、身体全体とことばの対話みたいな動きがあって、リズミカルに次の行動ができています。

友だちが次々にパンツ一枚になり、測定をしているのに、上着もぬがずに、まだしゃべっている連中もいます。ぬいだら、シャツの

絵（たいていは人気のアニメ）が同じだといって大喜び。手よりも口が動いて注意されても　まだまだ格闘シーンを続けたり…

この子たちは、衣服の着脱ができないとか、いやなのではなくて、次々と興味のあるものにとびつき、何をするのかもすっとばしてしゃべっているのです。

困ったことにこの傾向は、近頃の一年生によく見られることで、何をするにも先ずおしゃべりありきで、肝腎の身体がついていかないのです。

「わかってるって　ぬぐんだよね」
「まってて　すぐ　すぐ」
「わあ　ビリになるぅ」
とか言いながら、手は口ほど動かずあわてています。頭で理解したつもりでも、身体はすぐに反応しません。毎日のつみ重ねがちゃんと身について、習慣化されることの意味は大きいのです。

ぼくの中にママの声が

身体測定になると思いだすのは、ケンちゃん。背は小さくて、昨今は珍しいクリクリ坊主。お兄ちゃんと剣道を習っているとか、きりっと引きしまった元気いっぱいの男の子。

歩くより常に走っているケンちゃん。みんながかごに上着を入れ始めたその時、タッタッタッと私の前にとんできて、

「ハイッ」

勢いよく、両手でバンザイをしたのです。

えっ！　一瞬きょとんとした私の顔を見て、

「あっ　ちがう　あっ」

と、まっ赤になってとんで帰りました。

気になって後ろに行ってみると、

「できるできる　いちねんせいだもん」

「ゆっくり　ゆっくり」

ぶつぶつ　ひとりごと。

「ペケポンして　ぐっとひっぱる」

両手を交差して、脇で体操服をつかんで持ち上げています。はは あ、家ではここを引っぱってもらってるナ。うふふ。ママとまちがえての『ハイッ』だったのねと見ていると、上衣にランニングシャツがくっついて、二枚がもつれ困っています。そうっと引っぱってやると、やっと頭がするり…

「あったま　でたぁ」

「くつした　くつした　とばさない」
まるで呪文のようにとなえて、次々にかごに投げ込んで、ガッツポーズ。
パンツ一枚になったケンちゃん、列の後ろに並んだかと思うと、またとんで戻ってきました。
「たたんでいれたか　よくみてね
あ　やっぱり　うらむけ
くるりと　くるりと…」
言いながら、おしりをつけて座り直し、くつ下に手をつっこんでくるりと表に返しました。やっとできたケンちゃん、目が合うと話してくれました。
『さっさとする』
『ぬいだあと　よくみてね』
これって　ママがいうこと
よこに　ママがいるみたいでしょ
ママのこえがきこえるの
だって　じゅんばんいいながら
いっしょにしてたもん
いまは　こえだけ　いっしょやねん

身のまわり　すっきり
頭のなか　はっきり

オシメが　ぬれた
きもちが　わるい
泣いて知らせたころから
あかちゃんは　敏感

神経質すぎないように
でも野放図にはならず
遊びながら　ゆったりと
服のぬぎき
おもちゃのかたづけ等々
生活習慣はつみ重ね
おんなじことのくりかえし
からだで覚える
気もちよさ

せんせ　ぼくもう　ひとりでできるよ
ママのこえは　ぼくのなかにはいるねん
もう　はいってるよねえ」

K子ちゃん、幼い子どもといると、どうして昨日と同じことなのに、さっさとできないのって泣きたくなることもあるでしょう。でもね、くり返しくり返し、何度も何度も、同じことを言ったりしたりするのが当たり前のことで、それが生活の土台になるのよ。

子どもの年齢に合わせ、その日の天気や体の調子、何もかも含めた生活リズムの中からいろんな工夫が生まれるはず。着がえを身につけるまでにも、教えて・ほめて・励まして・叱って…まだまだたくさんのことばがつみ重なって続いていくでしょう。

おふとんの中でだらだらしている日、裸のままで遊んでいたい日、パジャマのまま食卓にくる日、まだまだいろんな日が待ってるよ。どうするK子ちゃん。どんな作戦でことばをくり出すのかな。期待しています。

基本の手順というか、身じたくの方法はきちんと教えること。目をつり上げて怒ると効果はないよ。いっしょに楽しんで、昨日よりちょっとでもやる気を見せたら、

「わあ、きょうは　は・や・い　パチパチ
おへそもびっくり　かくれんぼ」
なんて、大喜びしてみせたり…ね。

「ぼくのなかに　ママの声がはいってる」

ほんとうにそう　ケンちゃんの小さな体に、どれだけの愛のことばが入っていることか。ケンちゃんだけじゃない。パンツ一枚の小さなお尻を並べて、身体測定をしている子どもたち。どの子も、本当の体重の何十倍、何百倍のことばでいっぱい、ときにやさしく、ときにきびしく守られてきたんだなあって思うのです。

そしてその愛のことばを、たっぷり受けとめてきた子は、まちがいなく自分と同じように、まわりにもことばをかけます。人に言うのと同じように、草花に金魚やうさぎに…だれもがそんな〝やさしいことば力〟をもっていてほしいけれど…

つるつるおしりに

K子ちゃん、ことばを出しおしみしないでね。幼い子どもは、からだでことばを覚えるのです。感じとり、身につけるための適切なことばがあって、それが体にしみこんでいくのだから。

『はけたよ　はけたよ』（偕成社）
かんざわとしこ　文
にしまきかやこ　絵

朝からもう汗いっぱいの季節。はだかんぼでいたい坊やを、おいかけまわしているあなたに。

「えいっ　パンツなんか　はかないや」
つるつるのおしりで　とびだしたたつくん

坊やはきっと大わらい。どでんってひっくりかえって、また叱られるかなあ。でもきっとお気に入りの一冊になると思うよ。

ではまた　夏のかぜに　ご用心…。

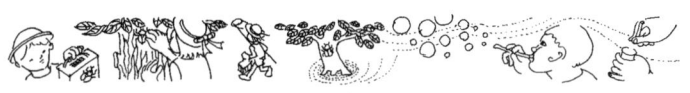

第三章　カミサマありがとう

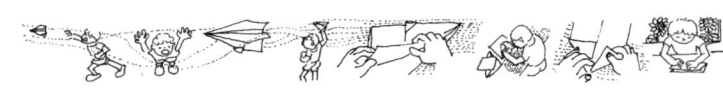

みんな手ばさみ　もってるよ

K子ちゃん、夏カゼでまいってるって。
まあ大変、クーラーの冷やしすぎじゃないの。幼い子どものいる家庭は、もっと気をつけなくっちゃ……なんて、ついお小言をいいそうになりました。
ティッシュの箱をかかえて　書いてまーす
思いっきり遊んで疲れすぎ　へなへなと倒れこんで
そのまま　グーグー
夏カゼさんが、我が家に居つくまで
イラスト入りのおたよりにふき出して、暑さも忘れてしまいました。

夏かぜはいやでも

海はいいよねえ。どんなに人があふれていて、迷子になりそうでも、

〝親子三人　砂にまみれて遊ぶしあわせ〟

そうよ、何てったって太陽がいっぱい。

ぎらぎらの夏を、全身で味わうのが一ばん。

でも、K子ちゃんをおきざりにして、パパと坊やは〝男の約束〟で、海へ入っちゃったって。ずい分長い間砂浜で待ってたところ

へ、ゆっくり歩いてきた坊やが、
「ぱしゃ　ぱしゃ　みずを　はねかして
ふたりは　ずぶぬれに　なりました」
って、大きな声でいったんですって。

「うさこちゃんの本（子どもがはじめてであう絵本　福音館書店）わたしが大好きなので　あかちゃんのころから　よく読んでいました
女の子男の子なんておかまいなし　この本は　しばらく読んでいなかったのに　ちゃんと覚えていてくれて……」
読む人が大好きな絵本を、ゆっくりいい気もちで読むと、その気もちはちゃんと子どもに伝わるもの。きっと何回も聞いていた絵本〝**うさこちゃんとうみ**〟坊やは、うさこちゃんになって、砂山をつくって、貝をひろっていたのかもね。
「もっと　あそんで　いたいけど
もう　かえらなくっちゃ　ならないな」
「でも　あたし　まだ　くたびれない
もっと　もっと　いましょうよ」
海で　動物園で　河原で、大人と子どものこの会話は、どれほどくり返されたことでしょう。

遊んでも遊んでも、疲れを知らない。それどころか次から次へ、何でもない石や砂で遊んでいる子ども。退屈なんてことばはないといいたいのが、本当の〝子ども力〟なんだけれども……

さて心配ママは、ハナをすすりながら嘆くのです。あーあ、やっと近所のお兄ちゃんとなかよくなれそうだったのに、また家の中でこちょこちょ・うろうろ、私と二人だけの遊び。これでいいのかしらって。

大丈夫よ、何をあせってるの。ふだん元気な子どもは、自分のからだの状態がよくなれば黙っていても外へ出たがるもの。今は親子で養生して、そうでなくても暑くてやりきれない日々、室内遊びでがまんがまん。親子で　クシャン　クシャン
「くしゃみ　くしゃみ　とんでいけ
ガラガラ　バイキン　とんでいけ」
歌ったり　うがいしたり　何とか病気を楽しんでみる気もちで……ちょっと無理かな。

色紙でオルガンを折って、ひきながら歌うと、「じょうず　じょうず」って、坊やがほめてくれたんですって。

小さい一年生のK子ちゃんが、細い指を器用に動かして、きちんと

折り目をつけていたこと。教室のみんなも、色とりどりのオルガンを机の上において、ひいて歌ったのは、ついこの間のことみたい。

紙とあそぶ 一年生

このごろの一年生と紙の話。雨が続いて外へ出られない日。うらめしそうに外ばっかり見ている子どもたちを連れて、別の部屋へ。（K子ちゃんにちょっとイバルと、この頃の学校は、多目的ホールや自由に使える生活科の部屋があるの。ぎゅうぎゅうづめで、四十五人定員だった頃から比べると、ずい分変わりました）

机も椅子もない広いところで、ひとしきり遊んでから「色紙がほしい」と言い出したので、手近にあった大きめの紙を二人に一枚ずつ渡して　ひとこと。

＝なかよく　どうぞ＝

それぞれで話し合いはじめると、すぐにはさみを取りに行こうとするので

＝はさみがなくても　わけられるよ＝

えっ　けげんな顔。しってるよ　できるという声。待つこと数分、何通りかの分け方で、ギザギザ切りの長方形

の一枚を手にしました。
にぎやかな声ははぶいて、結果だけを……

・いいかげんに両方からひっぱった
・先ず　二つに折る
（ほとんどが　二つ折りはしている）
・折り目を　そうっとひっぱった
（両方から　または一方をおさえて）
・折ったまま　指を入れて　ナイフみたいに切るかんじで
（やり方はしっているが　うまくいかない）
・折り目をつーっと　口でなめて……
（みんなあきれたけれど　これもあり）
・「はさみできったみたい」
と　みんなに言われた二人のやり方は　一回折って　反対側へまた折ってひっぱった……で　いろがみは……と聞くので

＝それが　きょうのいろがみ＝
へんなの　四角じゃない　できなあい……

の後　あちこちで動きが生まれてくる

◎長方形のまま　はこを折った子に集まってまねして折ってみる

（創作派）

◎ともかく正方形らしきものにして　覚えている折り紙を折る

（正統派）

◎紙てっぽうしってる　おしえて　やっぱり　わすれた　やってみよう

（探求派）

◎紙ひこうきを　さっさと作ってとばしはじめた　これは広がって大さわぎ

（競技派）

観察していると飽きないくらい、目を輝かせて〝全員参加〟一枚の紙から生まれる、このエネルギーは大変なもの。そのうちに、ちぎったり破いたりするかな。

そのときは……と待っていると、あれ　意外な方向へ発展。

丸めて紙のおだんごを作った子。作ればモチロン投げてみる。た

紙　いちまい
あそび　いろいろ

ピッ　ビリビリ
ベリッ　バリバリ
おる　ひっぱる
ちぎる　まるめる
（はさみで）きる
新聞紙は　もちろん
はさみこみの　広告は
一日何十枚も……
手であそぶことは
身近な材料で
もっともっと　できる

ちまち始まる〝ぶっつけ合い〟この伝染力は、正にあっという間。雪合戦ならぬ紙玉投げのはじまりはじまり。叱られないと知ると、たちまちエスカレート。……とまあ　実況放送したいくらい、子どもたちは大汗かいてやっています。そろそろあぶないなって時、オゴソカに教師の声。

＝もとのかたちにして　かえして＝
ええっ　そんなこと　できない
なきそうな声もあるけれど　ようし　やってみる
けなげに　しわのばし作業開始。
また汗かいて　床に紙をおき、両手でこすっています。
「やわらかくなって　きもちいい」
「やぶれそう　とろとろや」

＝さあ　ながいへびにする　きょうそう＝
やっぱり　うっそう　これでつくれるの
でも　しわしわの紙をちぎりだすと、静かになって　真剣にやりはじめました。
へびになりそこねて　ラーメン作っていたりするのですが……

＝みんなのはさみは　いいはさみ＝
だれも　もってないよぉ
おへやにあるけど　ここにはない

何もなくても、ゆっくりと手を動かせば、思った形に切りとることができる　それを〝手ばさみ〟ということ。りんご・花・自動車と得意気に切ってみせると　パチパチ。

手ばさみ……紙を指ではさんで　右手と
左手の親指を　できるだけ合わせて
少しずつ切る（ちぎっていく）

〝ぼくの手ばさみ　わたしの手ばさみ〟
その言い方が珍しかったようで、まだまだ終わりそうにありません。

K子ちゃん。一枚の紙から、興味がどんどん広がってくること。もちろん、これは学校での姿だし、友だちといっしょに味わう時間なので、言いきれるってわけじゃないけれど、子どもは楽しいことには、全身でぶつかり、続けていく集中力をもっています。
若いママのK子ちゃんですら
「今の子はキレやすく　うつり気で　集中力がなくて……」
なんて風評に怯えていませんか。
ピーピーピコピコ電子音で遊ぶことや、おびただしいおもちゃに囲まれている時代を、ちょっと不気味に感じることは……
子どもは、本質的には変わっていません。むしろ激変する社会に、あっぷあっぷしている大人が問題なのです。
頭が痛い人にもうひとこと。K子ちゃん、夏カゼ坊やに　のむクスリと　たっぷりときくクスリを！（かぜとことば力に）
効くクスリじゃないのよ
聞くクスリを！
どんなに元気な子も、病気の時は別。うんと甘えたいもの
「ママが小さかったときもね」
って思い出すことを　何でも話してやったり　なおったらしたいことを、あれもこれも並べて話し合ったりしてね。
いつもより何倍もくっついて、何十倍もやさしく話しているうちに、カゼのバイキンも逃げていくから――

ちぎった紙から

＝聞くクスリの特別おまけ＝
ほんとに　ぴったりの一冊

『あおくんと　きいろちゃん』（至光社）
レオ・レオーニ　作
藤田圭雄　訳

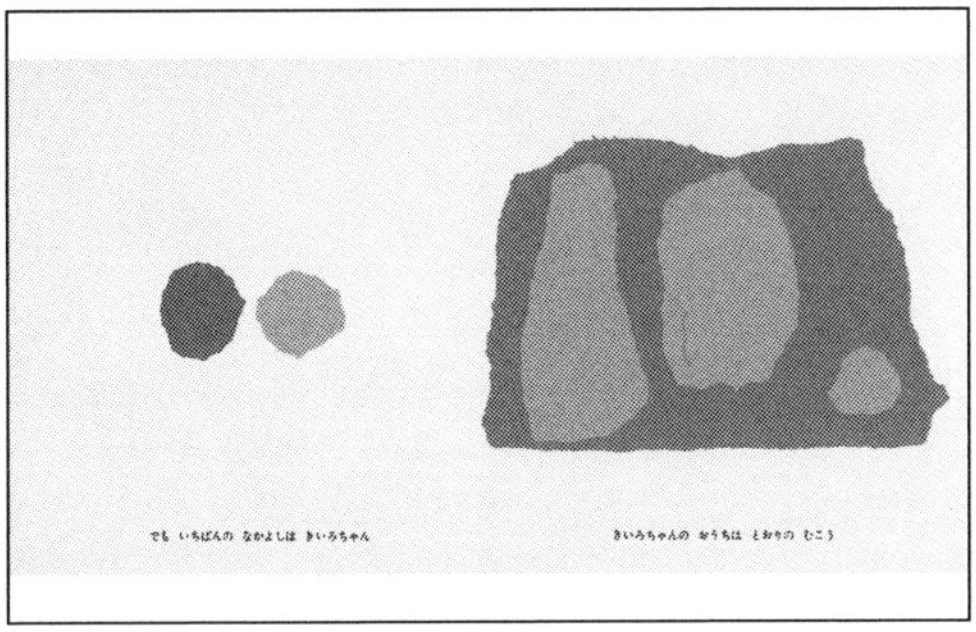

青い紙と黄色い紙をちぎって、お話をつくったのがもとになって生まれた絵本。

レオ・レオーニの最初の絵本です。まっ白な正方形のまん中に、青い紙をちぎったような　まるい形が一つだけ。

「あおくんです」

ことばは　これだけ。

だれに　何度読んでも、わくわくどきどきしてしまうほど　すてきな本です。


早く元気になって、また海へ？それともおぼんには田舎へ行くのかな。にぎやか旅のこと　また知らせてね。おだいじに……

第四章　ほんとに弱虫かな

ふしぎの芽は　足もとから

K子ちゃん。

ムシのいいおねがい号　届きました。

もちろん、ムシなんかしないで、ちゃんと読んでいます。

　やってきました虫の季節。私の育てた鳴く虫ちゃん。あのリリリ・ルルル・もうたまりません。チビの世話は忘れても、きゅうりを切ったり、なすを入れたりは忘れることなく、かごばっかりのぞいています。

(あきれたお母さんね)

　何てたって秋の虫は、お上品です。その上夜ふけに活動はじめるから、ゆっくりと対面できるでしょ。初めて鳴いた夜なんて、もう　うっとり

虫愛《め》ずる姫君が

　無理もないわ。真夏のあの日々、あみを持ってあちこち走り回る、活動的な三歳児につき合うのは、大変だったのね……と勝手に想像して同情していたら、大ちがい。

　まっ白い虫取り網に、黒々と坊やの名まえを書いて、ジャンジャンつかまえてこの虫かごに入れてと用意したのに、坊やはのってこない。はりきりママの期待は空ぶり！

それどころか、やっとつかまえたせみを、大いそぎで坊やに見せたら、羽をふるわせているせみを見るなり

「コワイ　コワイ　キライ」

って、逃げていってしまったって。

そこで、口をとんがらかして怒っているママの胸の内は……

男の子って、女の子以上に虫が好きなはず。どんな子だって、虫の一ぴきや二ひき、つかまえて遊ぶでしょう。それなのに、何でもかんでも見てるだけの　こわがり　こんな弱虫どうなるのでしょう。

そこからが現代っ子ママの面目躍如。

ぽーんと、とぶのよね。

このままで大きくなったら、どんな子になるのだろう。羽をふるわせる蝉一ぴきで逃げる子は、学校へ行ったら　きっと、

＝理科　大きらい＝

こわがりの弱虫は、みんなにからかわれる。虫だけじゃなくて、何でも引っこみ思案で、人の後からついて行くだけの、ナサケナイ子になりそう。いやもうなりかけてるかも…

つまり、体ごとぶつかっていく　子ども力不足の典型じゃないでしょうか

まあまあ　あわてないで。そんなにすぐ、理科ぎらいだの、人の後からついていくだのと結びつけることを、短絡的って言うのよ。こんなことばがあります。

生まれつきの虫嫌いなんていない。虫を見ると『キャッ』と逃げる、身近な人から、子どもは学習していく。

当てはまらない？

あっ思い出した。どちらかと言うと、K子ママは、虫愛《め》ずる姫君だったね。

運動場のすみっこで遊んでいて、

「みいつけた」

って、葉っぱの上のテントウムシを、そうっと手の上にのせてきて、見せてくれた。

教室の中にアシナガバチが入ってきて、みんな大さわぎした時、特に女の子は『キャッ』って立ち歩いたけど、一番小さいK子ちゃんは、落ちついて座ってたね。今も虫を育てているし、あの頃のまま変わってないのかもね。

じゃ、ゴキブリはどう？もしかしたら、キッチンで『ギャーッ』って大声。坊やの見ているところで、スリッパ片手に大立ち回り。

それはおいといて、この場合は自分が平気だからって、鳴く蝉を突然つき出して、びっくりさせたんじゃないの。せみとりに夢中になった親が活動している間、子どもも熱くなっているとは限らない。反対にのんびりゆっくり、子どもの時間は流れて、まだその気になっていないというか……

虫とりだけじゃない。大人と子どもの気もちのズレはよくあること。特に、子どもを囲む大人の数が多くなったこの頃は、何もかもが、大人の企画・運営・はては演出までレールをしいてしまうことが多いのです。

・ケガをしないで
・より道もしないで
・この道なら楽しく進める…等々

祈りにも似た大人の、最善の思いこみがつまった目がいっぱい。はてさて、それは子どもにとっていいことかなあ。

公園の近くか、道ばたの木の下を歩いている時、いいえ家に居たときかもしれない。

せみの声を聞いて、ふと〝ふしぎ〟を感じたら、きっと子どもは聞くでしょう。

「あれっ」

「なあに　あのおと」

「あれ　だれのこえ」

「なにが　ないているの」

「どこに　いるの」

　もっともっと　いろいろと……その時
「あれは　せみ」

とだけ、ぶっきらぼうに答える人もいる。

「うん　あれは　せみ　ミンミンミーン
なつがきた　ワーイ　木のみつ　おいしいよぉって
ミンミンミーンはせみの　ことば」

なんて、それぞれの年齢に合わせて、話してやるでしょう。

「ミンミンミーン　ジージーもある」

なんて話しながら、なき声を聞いているうちに、

「せみのとこ　いこう」

となって、外へ出かけることもあるし、

「せみ　つかまえて」

って、子どもにせがまれて、仕方なくついていくこともある。

K子ちゃん、あなたはどうだった？

一年生のあいさつは

虫といえば、今年もいっぱいあったよ。

K子ちゃんの知らない生活科にかかわりのある話。入学してすぐの一年生は、名まえを呼ばれて「ハイ」のへんじ。それから自分の名まえを言ったり、友だちの名まえを覚えたりします。ナイショの声で、耳もとで教えっこをしたり、お互いに呼び合って握手をしたりいろいろ工夫して遊びます。

となりの席の二人からまわりへと、握手の輪が広がっていきます。

「ぼくは　もり　ゆうた　よろしく」

「わたしは　ひらの　なお　よろしく」

机や　本だな　花びんにまであいさつして、にこにこしています。

「うんどうじょうの　ともだちにも　あいさつしたい」

「そうそう　いきたいいきたい」

運動場の友だちって？

見ていると、前の日、二年生に案内してもらった場所へ行くようです。広い運動場を横切って、うさぎ小屋でしゃがみこむ何人か…小鳥のところへ走っていくグループも…すみっこの池をのぞきこむ子も…


「あっ　うさぎさん　こっちみてる」

「きのうも　あったねえ」

「あくしゅは　むりかなあ」

「あいさつだけで　いいの」

(子どもたちは、教えなくってもちゃんと、身近な生きものに関心をもってる。まずは感心　よしよし)

と歩いていると、学習園の近くに集まって、何やらさわいでいます。

「ほら　そこそこ」

「わあ　つまんだ　つまんだ」

「まるくなったよぉ」

「くろまるまるや」

「ちょうだい　みせて」

　まるむし、だんごむし、ちょっとさわるとくるりとまん丸。草むらや石の下、どこにでもいる小さな体。幼い子でもすぐつまめるぐらいの、歩き方と大きさで、ままごとのお皿にのることも多かった虫。学校のすみっこにも、だんごむしがいるって、ちゃんと見つけて遊んでいる子どもたちを見直しました。

いろいろある生活科の目標の中の一つに

> 自分と身近な動物、植物など自然とのかかわりに関心をもち、自然を大切にしたり、自分たちの遊びや、生活を工夫したりすることができる

というのがあります。閉じこもっていないで外へ出たら、コンクリートだらけの都会でも、いろいろな顔をして迎えてくれる自然があります。見なれた遊び道具以外、何もないと思っていた公園でも、ちょこまか歩く子どもの目にはきっと〝広角レンズのふしぎ世界〟が広がっているのでしょう。そのレンズに映ったことを、自分のことばや絵で表現し、みんなに伝えるのも生活科の学習です。


K子ちゃん。

一つのできごとから、あれこれと思いめぐらして悩むのは止めましょう。とりあえずは、十月の明るく青い日、外へ出ましょう。いつもの散歩に、ちょっとおまけをつけて。

小さな目に
小さな友だち

あっ　あれは
えっ　どこ　いった

ちらっと見えるもの
こそこそと動くもの
大人が　気づかないもの
それが子どもには　よく見える
しゃがんでみたり
さわってみたり
おいかけていったり
みつけたものが　その時〝友だち〟

大きな空が見えて、ねっころがれる場所があったらいいね。

ちょっとした野原か、公園の芝生でいい。

緑の草や土があれば何より……

「ああ　つかれた」

どってんと寝ころんでみたり、ころがりっこしたり、それにあきたら、ぜひ〝はだし〟になって。

くつをぬいで素足になって歩いてごらん。

何も考えず、もちろん何も言わず。

そうっとそうっと、ゆっくりゆっくり。次にスピード出して、ずんずん速く、歩いてもどって、また歩いたり……。

誘わなくても坊やは、まねするよ。子どもってね、大人が楽しそうにしていたら、すぐにまねしてやりたがるもの。そのうちにふみ出した足の下で、こそこそ　ぴょんと、小さな虫がはねて逃げたりするかもね。

気もちのいい風がふくと、草がゆれて、そこでまた何か動いて、はっと……

「あれ　なあに」

「あっ　また　みえた」

「なにかたべてるよ」

はだしの足許から、ふしぎの芽が生まれるよ。

小さな生きものを、体で知ること。その時適切なことばをかけてもらうことは、とても大切です。ことばが育つ芽は、**話すこと**（おしゃべり）ではなくて〝**聞くこと**〟です。自分が関心をもっていることについての話は、子どもの心にしみこみます。

くいしんぼさんに

元気な子は、みんな〝くいしんぼ〟
だから　おすすめ　この一冊
＝おや　はっぱの上に　ちっちゃなたまご
おつきさまが　そらからみていました＝

『はらぺこ　あおむし』（偕成社）
エリック・カール　作
もりひさし　訳

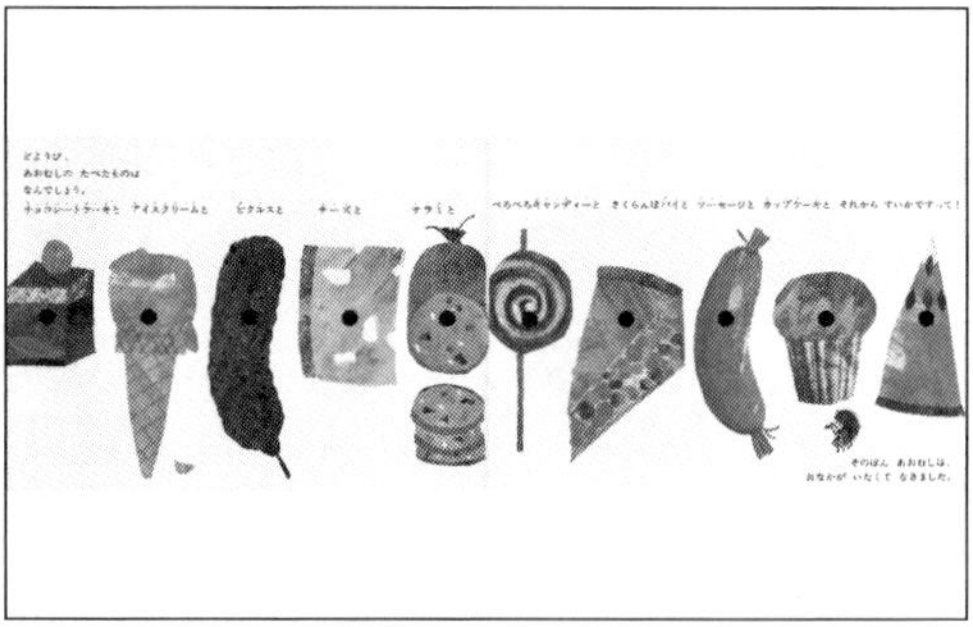

　蝶の羽化を扱った知識絵本だけれど、青虫が次々とたべものを探していく〝しかけ〟や、思いがけないたべものがおもしろい。
　さなぎが何日も眠ってやがて美しい蝶として誕生するまでが詰まった絵本。
　りんご・なし・すもも・そのうえケーキ・アイスクリーム・チーズにペロペロキャンディー・まだまだあるよ……ああ　もう　たまらない。

親子でいっぱい秋の実りを食べて、太ってね。いい声の虫さんにも　よろしく。

第五章　あつまれ　なまえことば

ことばでつながる　だれかとだれか
なにかとなにか

K子ちゃん
〝笑って気がつく　ふしぎことば〟の巻。
おたより読みながら、私もその場に居合わせたように、笑ってしまいました。
坊やと、お隣りのおばあちゃんの会話。
（ご近所に、ゆっくりと話してもらえるお年よりがいらっしゃるのは、いいことよ）

ごはんで怒らずに

「もう　**おひるごはん**　たべた?」

「ううん　**ごはん**　たべてない」

「あらあら　おなか　すいたでしょ」

「おなか　いっぱい」

「**ごはん**　たべてないのに…」

「ぼく　パン　たべたもん」

「ああ　パン　だったの
じゃ　**ごはん**　たべたのね」

「ちがうの　**ごはん**　たべてないの」

聞いていた大人たちが、その意味に気づいて笑い出したら、坊や

は、

「ごはん　たべてないもん」

って、とうとう怒り出したって。

お米でたいたごはんを、お茶わんに入れて、おかずを並べて、おはしで食べるのがごはん。だから、そんな〝ごはん〟は、食べてないってことね。

＝我が家のお昼ずかん＝

サンドイッチやいろいろなパン・つるつる大好きうどん・ラーメン・スパゲッティのめん類・のりパラパラのお好みやき・グラタンまあ　このイラストからも、おいしい匂いの献立がいっぱい。愛情おにぎり五種なんてオリジナルメニューもある。

見ていると、K子ちゃんが子育ての中心に〝楽しい食事〟をと考えていることが、よくわかります。これ以上に、とんで帰ってくる彼との親子三人の夕食も……と想像して、にっこりしてしまいました。

おっと、あなたの文にもどって、本当は、それぞれに名前のある献立を、みんなまとめてというか、一くくりにして通称〝おひるごはん〟と言う。それって何のふしぎもない。でも改めて考えてみると、**ものの名まえ**っておもしろいってこと。

あなたをそういう気もちにさせた、もう一つの〝なまえことば〟があるのね。

のんびり坊やと、せかせかママのつづき話。

夕やみ迫るころ、せかせかママ角出し寸前！

「かたづけるって　やくそくでしょ

ええっ　まだなの？」

「なあに？」

「なあにじゃない　おもちゃだしたままよ」

「だしてない」

「じゃ　これなに　このおもちゃ」

「これ　くるま」（ぐっとつまって）

「くるまの　おもちゃでしょ」

「おもちゃじゃない」

「おもちゃなの　ぜんぶ」

「ぼくの　くるまは　ちがう」

（三歳児って、どうしてこう言いつのるの。このごろ『ぼくの　ぼくの』って　抱えこんだり　わかってるのに『しらない』や『いらない』って投げたり　もう…）

嘆きながら〝おもちゃ〟と、一くくりの名まえが変に気になるママ。

私も思い出した光景があります。スーパーのお菓子コーナーで、女の子が二人、まるで歌うように、

「これも　おかし」

「これも　おかし」

「まだまだ　おかし」

「まだまだ　おかし」

って、うれしそうにさわって回ってたの。

「きめたら　もっておいで」

って声に、二人は迷ってたけれど、あめだのガムだの種類の多さに、びっくりしたのでしょうね。

名まえについての概念は（ちょっとムツカシクいうと）ほんとは複雑で、上位から下位へと移るにつれて、日常生活に密着していきます。だからといって、幼い子どもには一つ一つ、正しいことを説明しなくちゃなんて、構えなくてもいいと思う。

毎日のくらしの中で、子どもとちゃんと向き合って、ことばを大切に使っていれば、物と名まえの関係も、しぜんに結びついていく

もの。食べること、遊ぶこと、そのほか、子どもの興味を魅きつける物から、認知されていくでしょう。

一年生の「もののなまえ」

K子ちゃん

〝笑って気がつく　ことばのふしぎ〟

これは、子どもといる人の　しあわせの一つともいえるよね。

私たちが、ちゃんと理解して使っているつもりのことばも、ふと立ち止まってみると、奥が深くて、改めて見直すことがある。その立ち止まるきっかけは、今、ことばを覚えている子どもといるからこそ。

〝ことば力〟は、親子で磨いていきましょう。

つぎに、さかなやさんに　いきました。
あじ、さば、たいなどが、ならんでいます。けんじくんが、
「さかなを　ください。」
と　いって、千円さつを　出しました。
おみせの　おじさんは、

「さかなじゃ　わからないよ。」

と、わらいながら　いいました。

おじさんは、なぜ
「わからないよ。」

と　いったのでしょう。

一年生の一月の国語教材（光村図書）
単元名　ことばって　おもしろいな
〝ものの　名まえ〟の一部です

けんじくんは、はじめに　りんご　バナナ　みかんをかいます。

その文には、このおみせは、なにやさんでしょうと問いかけがあります。文や、お店やさんの絵をもとに話し合いながら学習します。
◎ものには、一つ一つに名まえがついている。
（なす　にんじん　いちご　さんま…）
◎一つ一つのものを　ひとまとめにした名まえもある。
（やさい　くだもの　さかな…）

◎ひとまとめの名まえを知り、一つ一つをわけて、つかうことができる。

　何枚かのカードに、好きなたべものをかいて、広い部屋で作業開始。みんなのカードをよく似た仲間でよせ集めたり、分けたりします。あっちへやったり、こっちへやったりしていると、まとまってこんな声が…

「おやつやさん　できた」

「おべんとうやさんも　できる」

「おすしやさんは　むり」

「ケーキとパンは　いっしょにする」

「やさいやに　なる」

「やおやでしょ」

　子どもの興味に合わせて、方法は一つではないけれど、一年生にぴったりの教材。

ことばって　ほんとうにおもしろい。

　今年からは、総合単元でクローズアップ。

〝おみせやさんごっこをしよう〟

ものの名まえの〝絵カード〟　かんばんやせんでんのちらしも作っ

ての活動です。

みんなでつくって　みんなであそぼう
つまり　自分の言葉で語ることの楽しさ
自分の言葉を受けとめてもらえることの
うれしさが　十分体得できる学習をめざ
しています

子どもたちは、お店やさんごっこを通して、ものの名まえだけでなく、売る人、買う人、それぞれのことばづかいを知るでしょう。でも、毎日のくらしの中で、人と人とをつなぐ〝生のことば体験〟をつみ重ねていなければ、喜んで参加したり、場に応じた自由なことばのやりとりを、楽しむことはできません。

K子ちゃん
お隣りのおばあちゃんと坊やの〝おひるごはんのお話〟まだまだ続きそうね。
聞いている大人たちにも笑いが生まれ、話の輪が広がっていくっ

ねえ　みーんな　すき
ネーミング

「マンマ」って
初語が出るまでに
・・・ちゃん　いいこ
・・・ちゃん　よく　きたね

何百回何千回　何万回
いやいや　もっともっと
あかちゃんは　その名まえを
よんでもらったことでしょう
〝なまえ〟ずうっとずっと
自分のしるし　おたがいに
心をこめてよびあいましょう

て、とってもすてき。

暖かいおひるさがり、ゆっくり流れるいい時間。これこそ　ことば力の源。

買物やお洗たく、居心地よく暮らすための家事は、次から次へ山ほどあるでしょう。

せかせかママを自認するK子ちゃんも、ときには気になることに目をとじて、のんびりママになってみて…

何かしら手伝いたい、ママのしていることをしてみたいという、子どもの気もちをうまく使ってみたらどうかしら。話しながら、いっしょにやってみること。小さなことでもやる気を出して、続けてできたらほめること。

その時は、自分の手を止めて、坊やの名まえをちゃんと呼んで、
「しゅんちゃん　できたね」
「しゅんちゃん　またいっしょにしようね。」
って、ことばをかけるのを忘れないで。

おみせやさんごっこの後
＝もし　自分の名まえが　なかったら＝という話も、はずみました。

長くなるのでくわしく書けないけれど、みんな自分の名まえを呼ばれることが大好きです。
それなのに
・ちょっと　ボク
・そこの　コ（コドモ）
・ハーイ　チビ
・ねえ　ほら　あの　その…
なんて言われたら、知らん顔をしてしまう。
（事実　名まえを呼ぶこと　呼ばれることが少なくなっています。
一人っ子のせい？）

なまえにこめたもの

～ちゃん　～くんと、呼ばれたら、「ハイ」って、口が勝手に答えちゃうのとも言ってました。大人としては〝そうかもしれませんはい〟と小さくなってしまいそうです。

そこで　今月の　おすすめ絵本
ズバリ　名まえが主人公？

『ゆうちゃんの　ゆうは？』（童心社）

かんざわとしこ　作

たばたせいいち　絵

あたしの　おとうと　もうじき　ひとつ
ゆ・う・って　いう　なまえよ
ゆうって　ゆうえんちの　ゆう？
ゆうせいの　ゆう？
ゆうだちの　ゆう？
（まだまだ　ゆうがいっぱい…）

しゅんちゃんの　しゅんは？
「パパとママがね…
おじいちゃんも　おばあちゃんもね…」
生まれるまでのこと、生まれてから
のこと。
ゆっくり話してあげてね。

ぴゅうぴゅう　冬の風が、わたしのところまで大いそぎで、そのお話を　運んできてくれますように…

では　また

第六章　なわ一本　あそびいろいろ

身近な達人にあこがれて

K子ちゃん。

新しい年も〝にっこり家族で〟って年賀状、ありがとう。みんないい笑顔で、気もちのいい年が始まったことをお祝いします。

まだのんびりとして、お正月ムードのところへ、キラリ舞い込んだ一通！

〝投げ縄ならぬ　投げ文でござる〟

なわとびママとび

おこたでみかんは、許されませぬなあ。と読んでいくうちに、どうしてなわ一本のことで、若い親って目の色が変わるのかなあ。いやいや一枚の紙のことでっていうべきか…そこで、手許のカードをとり出してしまいました。ここはじっくりと、何年か先の自分を見るようだというあなたに、寄り添ってみましょう。

はじまりは近くの広場。近所の一年生の男の子が冬休みの夕方、いやいや出てくる。後を追って、なわと一枚のカードを持った母親登場。促されてはじまる短なわとび（一人なわとび）のひどいこと。

両手の握り方は弱々しくて、回すとすぐに片手を放してしまう。やっと前に回したなわは、土につくかつかないかで止まってしまう。両足とびもよろよろだし…

（うそでしょ　それって大ゲサじゃないの）
周囲の目も気にしないで、鬼ママの特訓開始。
（これ　あなたの原文のままですゾ）
「なにやってんの　きのうもいったでしょ
足より手　手がさきよ　回すのよ回す」
「もう　いやになるぅ
だから　前からいったでしょう
学校　いったら　なくよって
このことだけじゃないのよ　もう」
激しきことば　雨あられ！
で、一年生クンはというと、ひるむことなく
「ぼく　なわとび　きらいやねん
ボールは　すきやけど」
「すきなことだけするって　とおらへんの
がっこう　いって　わかったでしょ
なわとびなんて　かんたんやのに」
いうより早く、かっさらったなわ一本。
鬼ママすばやく両手にまいて、さっそうと　ママとび、いや〝なわとび〟をしてみせたってわけ。前とび・後とび・何と二重とびまで。

オ・ミ・ゴ・ト　思わず拍手したくなるね。だってこの頃は、できないことを言ったり、自分がいやなことを、無理に子どもに押しつけたりする大人が、あまりに多いから。

でも、このママのように、自分が軽々とできること（子どもの頃は、大変だったかもしれないけれど、もう忘れてしまっている）が出来ない場合、どうしてこんな簡単なことができないのって、我が子のだらしなさに無性に怒りたくなるのよね、きっと。

何と言われても平気みたいなその子が
「なわとび　やめよ　もう　いやや」
といったとたん、急転回。はあはあと、少し息を切らしたママが、きっとして突き出した白いカード。
「これ　どうするのよ」
「ああ　なわとびひょう　それ　とべたら
いろ　ぬるねん」
「そうでしょ　どうするの
みんな　いろいろ　できるでしょ」
「とばれへん子も　おるよ
ぼく　ほかのこと　できるから　へいき」

あしたも　あそぼ
あの子と　あそぼ

さよなら　さんかく
またきて　しかく
帰りたくなくても
おひさまが沈むと
家へ帰る
子どもの一日は短いけれど
たっぷり遊んだら
まんぞく　まんぞく
そこへ行ったら遊んでいる子がいて
昨日のつづきができる
それってとても大きいこと
安心して遊ぶところが近くにあるといいね

二人の会話を聞きながら、K子ママの胸中にもあれこれと…わかるわかる。

なわとびは特別な体操じゃないし、こうしてとんでと構えて教えるものじゃない。むしろいつの間にか覚えていた遊び。

あなたが思い出したように、近所のお姉さんの握り手のついた赤いビニルのなわを、持たせてもらったこと。ほしくて買ってもらったなわを、ただ引っぱって歩いたこと。前へパタンと置いて、またぐこと。そればっかりでも、笑う子はいないし、楽しくて毎日毎日続けたはず。

「おはいんなさい　はい　どうぞ」

一人とびの大きな回し方に、すくってもらって、いっしょにとんだ　あのリズム。

「ヨーイ　ドン」

はしりとびについて走って、叱られたこと。

つまり、幼い子の身近なところに、

・はやく　あんなことが　してみたい
・どうしたら　できるのだろう

と憧れたり、競ったりするめあてになってくれる達人が、それぞれにいた。いいかえると〝地域の子ども力〟とでもいいたい、力強いエネルギーが満ちていたってわけです。

K子ちゃんもやったでしょ。

長いなわを二人で回す、その下をくぐっていったり、とんでいったり

♪「ゆうびんやさん　おはようさん…」
　大きな声で歌ってとんだこと
もっと小さな子がいると、手をつないで、置いてある
　なわのまん中に　入って用意

♪「大なみ小なみ　ひっくりかえして
　あっぱっぱ」
　って歌といっしょに、ゆらして・回して足でとめる。

陽がおちるまで外に居たい。みんなといっしょに遊んでいたいことが、毎日あった時代。なわとびに限らず、おもしろいことなら何でも、まねしたり教えっこしたり、時には隠したりもして、ことばでやりとりし、体で味わって広がっていくのが〝子ども力〟だった。

一年生のなわとびは

でも、あって当然のその力は、現在ほとんど消えかかっています。なぜ？の追及はさておいて、全身運動としての、なわとびのよさ、その励ましのための〝なわとび表〟に戻りましょう。

子どもが何かに熱中しているとき、一つ一つのステップを、目に見えるもので残していくことは、次への励みになります。そのため子どもにぴったりの絵や文で、興味をもってとり組める〝なわとび表〟を工夫します。

それは、だれかと競って〝より速く〟と、せきたてるものではなく、自分が『ここまでできた　さあ次はこれだ』という、めあてになってくれるものです。

なわとびは、一本のなわがあれば、いつでもどこでも、いろいろなとび方ができる、全身運動。（大人のダイエットにもいいよ）友だちとの遊びの中で、くり返しなれていけばいいのです。とぶだけじゃない遊びもいろいろあるので、体を暖めるのにも最適。一年生も、自分のなわをもつれないように、丸めて結んで持ち運んで、体育だけじゃなく休み時間や、行き帰りにやっています。

◎しっぽとり

結んだなわをしっぽにして、おにごっこ。

とられた子は、しょんぼり集まって、
たくさんとった子は、ワーイワイ。

どんなに寒くても、走り回り大汗かいて、
くやしがって止めません。

「ああしんど　ぼく　おやすみ」

丸い輪を作って、その中に座りこんだ子を見て、まねをする子が
次々と。

「いけでーす　ちいさいいけに　はいろ」

「ひとりしか　はいられへん　いけ」

でも、座っているのは　ほんの少しの間。

元気のある子は、すぐ立ってはじめます。

・丸い輪のまわりを　くるくる歩いたり
走ってみたり…　目がまわるぅと
反対まわりになったりする

・けんけんとびで　ひとまわり

両足とびでも　やってみる

・輪の中と外で　ぴょんぴょんとび

かえるだって　なきながら　かえるとび

地面においた小さななわの輪一つで、あくことなく思いつく動き。そこには、友だちと見せ合い教え合うことば、かけ声や叫びもせわしなくとび交います。でも根っこにあるのは、体を動かして遊ぶたのしさ。

やっとお呼びがかかる。

「いすとりゲームみたいに　いけとりゲームするので

ピーッっておねがいします」

（ハイハイ　少しずつなわの池をなくしていくことと合図ですね）

これまでしたことと結びつけて、自分たちで遊びを作り出す〝応用力〟も、ちゃんと持っています。それでも、長なわで遊んだ子は少ないので、いろいろな遊びを教えます。

◎くねくねへびだよ（グループで）

二人で向き合って、長なわを持ってしゃがむ。手首でくねくねと、

地面をはうへびのように、たえまなく動かす。巾とびの要領で、
そこをまたぎとびで越えていく

◎あばれ川だよ（グループで）
これも向き合って、長なわを持つ。両方から高低をつけて、大きな波・小さな波をくり出していく。それに当たらないように、できるだけ高くとびこえていく。

K子ちゃんたちが、上級生と歌いながら遊んだ長なわとびに、なかなかたどりつけないけれど、今の子どもたちにも、手近な冬の遊びとして残したいのです。

何だかもつれてしまった縄みたいに、あれこれと話がとんでしまいました。

一枚のカードにこめられた、励ましとしての方向性も、見方やとらえ方で子どもの重荷になったり、叱る材料になったりするもの。子どもの発達にそって十分考え、興味をもってとり組めるものでありたいと、いつも願っています。

毎日毎日　くりかえし

K子ちゃん

あんまり先のことを心配しないでいいのよ。一月のくらしの中で、子どもとこもってしまわないで、外へ出て体を動かすことが第一。あれっ、いつも同じことをいってるのかな。ともかく、手を使って何でもいっしょにすること。しかも、おしゃべりしながら、歌いながらよ。そばにいる大人が笑顔でいたら、それだけでいい雰囲気。

　外へ出られなくても、家の中でも体は動くよ。毎日していることが、リズミカルにこなせたら、それだけで十分かも…

ほら　こんなふうに

くまさん　くまさん　はを　みがく

くまさん　くまさん　かお　あらう

くまさん　くまさん　くまたいそう

くまさん　くまさん　あさごはん

『くまさん　くまさん』
（福音館書店）
中川李枝子・作
山脇百合子・絵

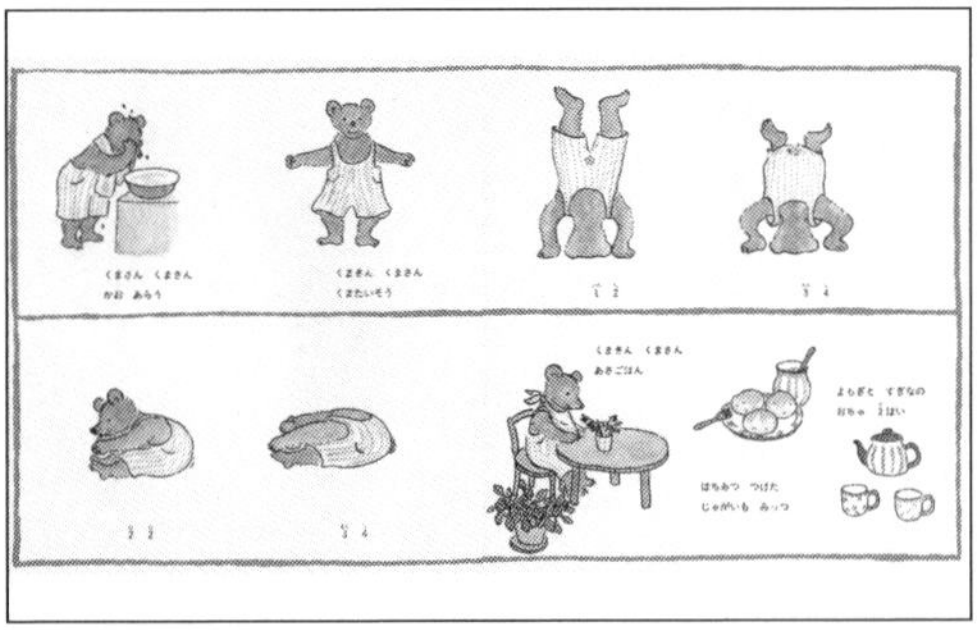

くまさんの一日の出来事を、遊びうたでつづった絵本。
声に出して読んでごらん。まあ調子のいいこと。しぜんに首も、からだも動き出してしまう心地よさ。くまさんくまさんが、何十回出てきても、ちっともいやじゃない。それどころか、子どもたちは笑いながらそのくどさに共鳴してしまうみたい。

しゅんちゃん　しゅんちゃん　ひるごはん
しゅんちゃん　しゅんちゃん　そとあそび
二人のいい顔を思いながら…
わるいかぜに気をつけて　では　またね。

第七章　一つの口が　二つのしごと

遊びながら数える・分ける

K子ちゃん。

待ちわびた春がきたというのに、なかなかのんびりできない『せかせかママだより』ありがとう。

それにしても〝口がふたつに　ドキッ〟ってずいぶんと刺激的ね。

お口が二つあるの

坊やと手をつないだ帰り道。あたたかな春のひざし。ばったりお隣のおばあちゃんと会ってしまって、はじまるのはおしゃべり。若いママとしては、人生の経験者のお話を、聞くことの方が多いと思うけれど、ちゃんとお相手をしている、優しいあなたの様子が、目に浮かびます。

いつの間にか、つないでいた手をはなして一人で遊んでいた坊や。それをいいことにして続くおしゃべり。ほんとに次から次へ、立ち話って長いよね。


やがて待ちくたびれた坊やは、ぐずぐずもぞもぞ、

「かえろうよ　ねえ」

って、くり返しさいそく。

「かえろうよ　おなか　すいた」

おばあちゃんは、

「ごめんね　もう　おしまい
おくちは　二つ　あるもんねえ
ぼくのたべるおくち　おこってるねえ
ばあちゃんの　おしゃべりのおくち
もう　おしまい　ごめんごめん」
って、さよならして　それぞれの家へ。

で、おうちへ帰ってそそくさと用意。

「いただきまあす」

いつものようにお昼の食事をして、ほっとした時、突然坊やが、食卓を回ってきて、ひざに乗るように、下からママの顔をじいっと見て
「おくち　ふたつ　ある?」

って聞いたんですって。

急に、おばあちゃんの話を思い出したのね。その時は何の反応もなく、聞きながしていたのに……

「ええっ　くちは一つだけでしょ
ああ　あれ　おばあちゃんの　いったこと?」

＝かたちと　その働き＝ってことね。幼い子どもに、わかりやすく

説明するのには、工夫がいるけれど、坊やが質問することには、
ちゃんと答えてやろうと、心がけているママには、絶好の機会

・何でも　おはなしする　ふしぎな口
・笑い声　泣き声　どなり声　やさしいささやきも出せる　すばらしい　口
◎声が出ていない　とじた口
・何でも食べるのは　口から
・口の中には　歯があって　舌もあって　かむかむしてから　のみこむ

もっともっとある口についてのこと。坊やと自分の口の中まで見せ合って、すてきな食後の時間。
改めて考え直すと、人間のからだの一部分、たった一つの〝口〟だけでも、
＝成り立ちと　形態　その性能＝まで
ふしぎに満ちていて、よくできたもの。
「おくちの　しごと　いっぱい　あるねえ
うたも　うたうねえ」
ほんとだ。私もとんでいって、かわいい坊やの口に、あれもこれ

もどうぞって、いいたくなりました。その上で、食物の入口であり、美しきことばの出口でもある我が口を見直し、感謝したくなりました。

からだにあるもの　かぞえっこ

それから二人で、からだにあるものを数えっこしたって。きっとこんなふうに

◎ひとつ　あるもの　なあに
くち　はな　おへそ　くび
（あたまも　気がついたかな）

◎ふたつ　あるもの　なあに
め　みみ　まゆ　おっぱい　て　あし
（はなのあなも　見つけたかしら）

そういえば　まゆ毛って　何のためにあるのって　聞かれたことを思い出しました。一瞬　とまどったのを覚えています。

次々と数がふえて、手の指、足の指、爪も数えて……まんぞくまんぞく。と、ならないのが、大人のよくばりな成り行き。

その辺で止めるといいのに

◎もっともっと　たくさん　あるものは
と、続けてしまう。〝当たり〟でしょ。
そうなると、遊びからちょっとそれて
＝気づくかな　無理かな
教えようか　いや　もうちょっと待って
（にこにこから　イライラへ　そろり）
どうして気づかないのよ
ほら　口のなか　よくみてごらん。
なんてことになってしまいがち。
大人が思っているような、歯の数や何万本もありそうな髪の毛に気
づくのは、ちょっと無理があります。

K子ちゃんの場合
「これは　どうじゃ　ほら　おばけだぞ」

って抱きしめて、髪の毛でおどかしたって。

あとは、追いかけごっこ。それは　いいね。

もっといいのは　その夜のパパとのいつもの〝おふろタイム〟

「あし　ひとつ　はいりまあす」
「あし　ふたつ　はいりまあす」
なんて　聞こえてきて、
「あたまのけ　ひゃくもっと　あらった
ひゃく　ひゃく　いっぱい　ふいて」
って、あがってきたんですって。

子どもの数感覚というか、数への関心は、みんな生活に結びついています。食べ物を分けてもらったり、おもちゃをさわったりしながら、「ひとつ　ふたつ……」という〝ことば〟を聞いて覚えます。

数え方だけでみると、典型的な例は、おふろに入ってから上がる時でしょう。首までつかって、まっ赤になりながら親子で数えたり、一人で入っている子が、大声で数えたりしています。

それで百まで数えられる。いや、うちの子は、二百まで　三百まで……千までも……

それはあくまで、数え方が**ことば**として言えるだけのこと。百まで、千まですらすらと数えられても、そのことで数がわかっている、算数の力がついたとは言えないし、数を実感として理解できるはずはありません。

自分の手で実物をさわって、ひとつ、ふたつと数えていくうちに、身についていくのが本当の数の感覚です。それも数えさせられるのではなく、必要に応じて自分から進んで数え、たしかめる場になって……のこと。

幼児がものを数える場合、指でちゃんと押さえて、ひとつ　ふたつ　みっつ……と数えていって知っている数を越えたら、残りのことを　**いっぱい**といったり、**たくさん**といったりする。**たくさん　もっとたくさん**……と量を表すことばをくり出して表現するのは、発達段階として当然の数え方。

一年生もわからない

なになにまだ気になること？　おもちゃの数え方に悩むって。じどう車は　一だい　二だいってはっきりしているけれど、いろいろな物は、一こ　二こでいいのか。つまり**物によって異なる数え方**。

それと、ひとつ　ふたつの数え方から、いつごろ　いち　に　さん……になるのかって。

そんなことは、一年生だってまだまだ不完全。算数の時間に学習することの一つ。

くりかえすけれど、毎日の生活の中で、ごくしぜんに物を並べたり、数えたりすることがあるはず。お話ししながら、できるだけいっしょにすることが一ばんいいと思う。

◎食事の用意

・お皿を並べる
　一まい　二まい
・おはしを　そろえる
　二本で　一ぜん

◎玄関の片づけ

・かさは　一本　二本
・くつを　そろえるのは
　一そく（右と左で）

◎いろいろなおてつだい

・郵便物や　新聞をとる
・洗たくものを　たたむ

・草花の水やり

ほんの一例だけど、あなたがしている家事の何か、いっしょに出来ることを見つけて（作って）、手を動かして身につけていくことが（数え方もふくめて）山ほどあると思う。少しのろのろしても、がまんして見守ること。それは、生活の知恵として役立つし、学力のもとにもなるのよ。

でも、もっと大切なことは、遊びの中にあるってこと。思い出してほしいのは、子どものころのおにごっこ。手つなぎおに・子ふやしおに・たかおに。助けて助けられて、ふえたへったの声。通りゃんせや　花いちもんめ。ひとり　ふたり「わたしも　いれて」ってふえるごとに遊びも変わって、楽しかった。

あの地域の子ども集団は消え、遊びの中で育つ〝子ども力〟は、弱くなるばかり……

おやつを　わける
おやおや　ひとり？

「トッ　ターツ」
指で　おさえて　数を
数えているつもり　それは
だれかがしていたことのまね
ほしいものが　一つずつ
ふえていくと
「イッパイイッパイ」
と大よろこび
一人っ子がふえて
おやつは　ひとりじめ？
何人かでわけることも
とりあいをすることも　いい経験

今朝の新聞の折り込みチラシ　春期講習
新年中児（三〜四歳）カリキュラム
〈比較〉　重さ　広さ　水の量　温度
〈図形〉　パズル　構成　合成

〈推理〉　鏡　影　方向感覚

まだまだ項目がずらずらり

K子ちゃん

「くちは　ひとつ　でも　しごといっぱい」

「あたまのけ　ひゃく　もっと」

それでいいのよ。大すきな人と、ゆっくりおふろに入って、湯気のなかで、からだを洗いながら話したこと、数えたこと。

やがて、自分の指の数で足りない時、パパの手や足の指までかりて、ふえたりへったり。そうして、たしざんやひきざんも覚えていくでしょう。

身のまわりのものに　興味・関心をもち　自分からすすんで取り組もうとする意欲を育てる

子どもの基本的な学習態度は、そこから出発するのです。あれもこれも、少しでも早く教えることが、子どもの力になるなんて思わないこと。

なんでもかぞえる

（つい口に出てしまう調子のいいうたの本）

＝かぞえうたのほん＝

『かぞえうたのほん』（福音館書店）

岸田衿子　作

スズキコージ　絵

いちばで　いぬが
にわとり　にらんだ
さんま　さかだち
しか　しらんぷり
ごきげん　ごりらに
おど**ろく**　ろばのこ
ななほしてんとう
はちに　はらはら
くま　くたびれて
じゅうすをのんだ
いーいーいー　かぞえうた
へんなひと　かぞえうた
もっといろいろ　あっておもしろい

坊やとゆかいなかぞえうたを作ってみてね。
春です。うんと外遊びを！　ではまた。

第八章　怪獣ママゴンはサイの角・牛の声

手で・体で・ぶつかる外遊び

K子ちゃん
〝サルでもできる反省ができないママ〟ですって。いつになく落ちこんだ文面に、びっくりしながら＝ママ的ことば力分析＝に、笑ってしまいました。

アブナイ！　ヤメテ！

外で遊ぶことが大好きになり、ともかくとび出していく坊や。小公園にだれか居ると、自分もとんでいって、いっしょに何でもやってみようとする。あなたが望んでいた通りの成長。それは大歓迎なのに、そんなに暴れて大丈夫？というくらいの活動がふえるにつれて、心配もむくむく。

〝身体だけは、動きまくって大汗かいていても、ことばでは、まだ自分のことをさっと表現できないのです。だから私が叱りまくって、押さえたつもりです〟

今のところは、ママのひとり勝ちってとこ。

走り出した子どもを、追いかけていく大人に近づいて、その声をテープにとったら、きっとこんなことばが何十回も入っているでしょうね。

「あぶない　あぶない」

親ごころ
おこってほめて つかれはて

悪いことは　びしり
その時に怒ると決めていた
でもでも　次から次へ
あまりのことに　ついつい
大きな声が出て……反省

みつけた　いいことを
それっとばかり　ほめて
バランスをとったつもり

まあまあ深呼吸して
まずは走っても負けない体力作り

「ダメ　ダメ　やめて」

「ほらほら　もう……」

「よくみて　ちゃんとみて」

「やめなさいって　いってるのに……」

　すべり台やブランコ、新しい遊具。自分より大きな子が遊んでいるところへ、近づこうとすると必ず大人の声。たしかに危険な遊びをしている子もいるけれど、見ただけですぐ止めてしまう。こんなことばを先にかけてばかりでいいのかなと　つい思ってしまいます。

　K子ちゃん
あなたも同じことに気づいて、坊やの寝顔を見ながら、一日をふりかえったのね。
◎ママは三本の角をもつ怪獣ではないか
＝顔のまん中に　一本の角＝
・やめな**さい**
・おりな**さい**
・かえってきな**さい**
・かたづけな**さい**

・てを　あらいなさい
（悲鳴に近い声で絶叫するさい）

＝頭に太い太い　二本の角＝
・モー　やめてよぉ
・モー　しらないからね
・モー　何回いったらわかるの
・モー　ひとりでかえるからねっ
・モーモー　ぜったい　きらい
（鳴き声じまんの　牛さんデス）

さいにも牛にもなりたくない。でも子どもを取りまく親、教師（保育者）、たいていの大人は、みんな似たような経験を重ねています。
特に三才前後の、身体を動かして遊ぶのが大好きな子どもとつき合うのは、頭ではわかっていても大変なこと。
危険から守ってやりたい。でも、手や口を出さずにどうして新しい体験をさせたらいいのだろうと。

運動場の一年生

入学してすぐの一年生が、広い運動場へ出た時と同じです。全員が〝待ってました〟とくもの子を散らしたようにとび出す風景は、残念ながら見られません。このごろは、どちらかというと＝こわがりやさん＝が増えています。

少し前までは、すべり台やジャングルジムも入った複合遊具に(私の学校ではぐるぐるランドと子どもが命名)　先ずとんでいって並ぶ子と、花だんや飼育小屋のある場所へいく子が半分くらい。残りは、幼稚園や保育所にはなかった、ずらりと並んだ高い鉄棒や、のぼり棒、うんていといった見上げるばかりのものに、とびつく子が何人もいました。

でも〝おもしろそう　やってみたい〟と、目を輝かせる子はへって、だれかとつないだ手を離さずじっとしている子や、おずおずとさわってみるだけの子がふえています。

K子ちゃん

赤ちゃんの時〝たかいたかい〟したでしょう。今でもしてやったら、大喜びかな。これはパパお得意の遊びでしょう。

〝たかいたかい〟から〝ひこうき　ブーン〟なんて、ずい分高く持ち上げてふり回すのをひやひやしながら見ていたことも……

身体をもち上げたり、少し大きくなると手だけぶら下げたり、かけ声や励ましのことばといっしょに親子で遊ぶ時、怖がる子はいないよね。むしろ笑い声いっぱいで

「もっと　もっとして」

と大人がしんどくなっても続けたりして。

幼い子にとって、バランスのとれない不安定な姿勢なのに、どうして怖がらないのだろう。もし怖くても、それをがまんできるのだろう。だれに動かしてもらっても、同じように喜ぶのだろうか。それは違うよね。いつも甘えて、信じている人とだから、安心して全身を任せているんだし、満足感でいっぱいになれるのね。

片手は父親、もう一方は母親にしっかりと握ってもらって、両足上げてぶら下がる。それから　いばって

「しゅっぱつ　しんこう」

ぶら下げるだけでも重いのに、もっともっととせがむ。ぶら下げて歩くのは重労働。私も

「おさるさんつかまえた　おりはどこ？」

と言ったばっかりに

「キャッキャッ　あばれざるぅ」

と手は握ったまま、足をばたばたする娘をぶら下げて、坂道を登った何十年も前の夜を思い出しました。

手をつなぐことは、安心のしるし。もっと手を使って、からだを使って、大人よ、子どもと遊んでほしいといいたいのです。

一年生になっても、まだまだこんな話をしてくれます。
「パパの手はね　てつぼうとおんなじ
ぼくをぶらさげて　くるりとまわしてくれる
かたてでも　おとさないよ」
といいながら、あきもせず鉄棒で遊ぶ子。
「エレベーターがまんごっこしてるの
だから　ママとかいだんのぼりきょうそう
まいにちするの」
という子は、高層マンションぐらし。
「うちのかあさん　つよいよ
ぼくのあしもって　さかさにして
『こうもりくろべえ　まいったか』
っていうよ」

いつも一ばん前に並んでいる、身軽な一人。

こんなことばを聞くと、生活の中で身体をきたえるというのか、親子で共に遊ぶしぜんな様子が浮かんできて、ほっとします。

気をつけて見ていると、そんなふうに家庭でのふれあいが多い子は、受身で大人の指示を待っているだけでなく、何でも好奇心いっぱいで、よく活動します。身体的な活動だけではなく、身の回りのものに興味や関心を持って、自分から質問をしてくることも多く、その説明をよく聞いています。

信頼できる人との楽しい時間が、つみ重ねられて子どもの身についていくのでしょうね。

気になるのは　できる子

プールでも、先ずは水に親しみ、友だちとの水遊びを楽しむこと。いろいろな遊びを通して、怖がらずに水になれていくのが第一歩。深くて広い学校のプール。怖くてしりごみする子もいます。でも事前調査で、おふろのシャンプーやシャワー、ちょっとした顔つけもいやがると書いてあった子も、水かけやボールで遊ぶうちに、笑顔をみせて大はしゃぎ。やがて歓声をあげて、ぱしゃぱしゃ水音

を響かせるようになります。ところが
◎およげるもん　みずなんて　ぜんぜんこわくない
　へっちゃらだ
と、いばっていた子が気になるのです。

「なんで　まけるんやろ」

「また　しかられるわ」

「どうせ　おそいし　おんなじ級《きゅう》や」

（あきらめの表情がありありと）


「また　あがったよ」

「ぼくだけ　つぎのクラスやねん」

（と　いばりながら）

「つぎ　むつかしそうや　できるかなあ」

「まだ　ほめてもらわれへん」

（だれかを意識したことばばかり）

　スイミングクラブの進級でしょう。自分なりのめあてを持って、方法やタイムに挑戦しているけれど、先へ先へと心配していることがわかります。

　おけいごとについては、一人一人の問題だし、家庭の事情もあるので、何とも言えないこと。でも、目に見えて速く泳いだり、新しい泳法にとり組んで競争する以上、結果が出て当然。いい意味でそれをとらえ、次への意欲につながるはずだけれど、ムツカシイ！だれかが〝早期教育の害は、こんなにやってもダメなんだっていう、劣等感をうえつけること〟って言ったけれど、内容や方法を考えないと、その傾向はたしかにありそうです。

すばらしい手

K子ちゃん

外へとび出す子は、それでいいの。戸外で身体を使って遊ぶ。だれかがいるとよっていく。それだけで十分。大人の価値観であれこれと押しつけたり、禁止したりはやめること。

危険なことや新しい遊びは、表情やことばに気をつけて、見守ってやること。

「ぎゅっともって　はなさないで」

「しっかりつかまったら　おちないよ」

やる気を見せた時、こんなことばをかけてみて。文句やあせりを何とかおさえて、適切なことばをかける、子どもに信頼される大人として、お互いに心がけましょう。

身体を使って遊ぶ楽しさを知っている子は、未知なるものへの怖さを、ふきとばしてしまう活力＝それこそども力＝をもっているのです。

身体の発達は、年齢が低いほど目に見えて、育てる喜びにつながります。昨日までできなかったことが、一つでもできたら、共に喜んでくれる大人がいる。たくさんのことば、あふれる笑顔。それが見えない力になって、子どもを支えます。あなたは今、そんなお母さんのまっ最中。お母さんとしての学力は、笑顔と適切なことばで決まるはず……

涙をうかべた三角獣ママが、眠る坊やの手を握っている絵。その手からきっと、いいものが伝わって、ポロリと角はおちていくのよ。離したくない手。心が伝わっていく手。

『てとてとてとて』（福音館書店）

浜田桂子　作

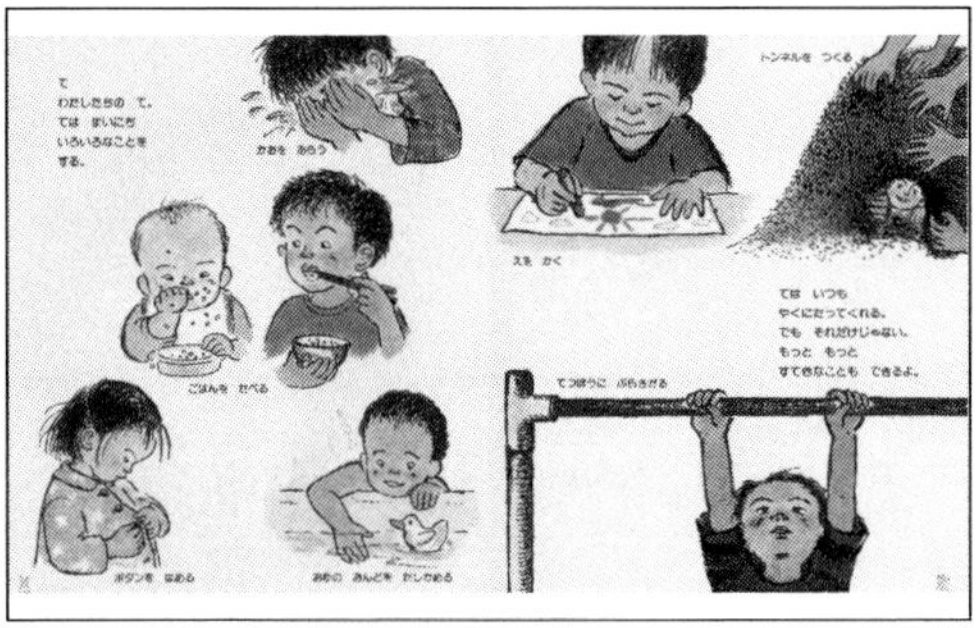

かがくのともの一冊　子どもたちも私も、この本が届いてから、ずうっと夢中です。

みんなの手が、こんなにもすばらしいことを改めて知って、ますます大事にし、もっともっと自分の手でできることを探しています。

どの頁からみてもいい、くりかえしみてね。

さて　怪獣タイムスより　ひとこと

・インドさいには　角　一本

・アフリカさいには　角　二本

どちらも太くて　顔のまん中についています

K子ママは、どちらのさいですか。角は一本でも少ない方がいいということと、余分な角は怪獣組合が引受けてくれるそうです。ごゆっくりお考えください。　ほなさいなら

第九章　大すき　けんかことば

ママ的演技力全開で迫るとき

K子ちゃん
〝ヤング・ママ連合より感謝をこめて〟
まあ、もののしいご返信に、びっくりしています。この前の＝ママ的ことば力分析＝についての手紙。友だちと回し読みしたのね。
同じような年齢の子どもに、ふり回されているママたちは〝怪獣タイムス〟が気に入ってしまったんですって。

チビ怪獣を相手に

「私たちって　怪獣タイムスのスターかも」

「日がわりに登場する　ママ怪獣」

「顔面ヒキツリ症候群　ほえつき　かみつき
ナンバーワンは……」

「でも　激変型で　ぎゅうっ」

「なに　それ？」

「抱きしめ上手に変身するってこと」

（ひとしきり、どうしても怒りたくなる日常を嘆いたり、笑ったりしたあと）

「教育熱心すぎるママゴンって　その昔　私たちの母世代がいわれたけれど　そろそろその気もち　わかってきたかも……」

が結論。みんな何となく納得してましたって。まあまあ、それは少し早すぎるんじゃないの。そんなにあわてて〝ママゴンの卵でございます〟って名乗りをあげる前に、することは山ほどあるのだから。

でも、K子ちゃん。

子どもを育てる時、身近に同じような友だちがいて本当によかった。たくさんの家族に囲まれて、安心して育てる環境にある人は、ほとんどいない時代。まねることが学ぶことのはじまりだとしたら、子育て経験者が見当たらないのは心配です。

電話やメールではなくて、どんなことでもぺちゃくちゃその場でしゃべって、笑い合える友だちは貴重です。

幼稚園や保育所での集団生活に入る前の、家庭でのすごし方はいろいろです。この頃は子育て支援のプランがあちこちであって、あなたも参加して、親子で友だちになったのね。

さて〝怪獣タイムス特集〟

イラストレーター志望だった（らしい）K子ママ。よく描けていて見とれました。

口から火を吐く、チビ怪獣たちの千変万化。

なかまが　いると
なんでも　いえる

あれっ
昨日まで　言ったこともない
けんかことばや　聞きなれない
汚い　ことば
言うと叱られていた　ことば
それらが平気でとび出すように
なって　びっくり

いろいろな友だちと遊んだり
集団生活に入ったりすると
なかまといっしょに
安心して使うようになるのです

なになに？吹き出しのことばにご注目の上よろしくご助言を……

ですって？

「バッカヤロー」（バッカローになる）

「ケッ　ケッ　ケッ」

「ウルセー」

「ドケ　ドケ」

「ヤダー　ヤメロー」

後ろ向きのママたちは、お手上げ。

きっと心の中には、こんな想いがむくむく、むずむずと渦巻いているでしょうに……

・一人じゃ　何にもできないくせに
・夜になったら　べったりくっつくくせに
・ごはんつぶ　ふりとばすくせに
・思ったことを　ことばで伝えられずに
すぐ泣くくせに
◎こんなことばだけ　すぐ覚えて……モー

様子を想像して笑ってしまった。チビたちじゃなくて、ママたち

のね。もっと続けると、
・まあ　こんな悪いことばを　いつのまに　おぼえたの
・きっと　近所の少し大きい子たちの　けんかを見て
まねしてるんだ
・やっぱり　あのテレビの影響　きまってる
・まけずに　私もいい返した方が　いいの
・ほっとけば　なんとかなるの
・強い子の方が　とくかも……

親といっしょに一対一で居る時には、そんなことばは出てこない。何人か集まって、物のとり合いをしたり、おっかけっこで競ったりしていると、叫び出すのね。

直接その中に入っていないで、じっと見ていた子が、「オーオー」「バッキャロー」なんて、いっしょに声をかけていたりします。これって応援？

もっと愉快なのは、争いからずい分後になって、一人で砂遊びしながらポイポイと、シャベルの砂をふりまき、「ウルセー　ヤメロ　ウルセー　ヤメロ」なんて、かけ声みたいにつぶやいている子もいました。

少ない語彙で

どこかで聞いて残っていることばのリズム、ちょっと魅力的で勢いのあることばが、気分よく口から出る。これって、子どものことば遊びの一種なのかな。

内容の善し悪しとか、使うべき場面、相手に与える影響なんて全然わからない。でもいつのまにかぴったりくっついて離れないことば。心の底からわき上がる腹立たしさが、怒りのことばになって出てくるのは、もう少し先じゃないのかなあ。

ただ、子どもの言語感覚は、大人が思う以上に敏感で鋭いところがあります。

語彙（ことばの数）が少ないだけに、その一つ一つに、たくさんの意味がこめられています。だから周囲の大人は、適切なことばを足してやることも大切でしょう。たくさんのことばを貯えながら、語彙をふやしていくのね。その過程で、子どもは大人の反応も、ひそかに感じとっているってこと。

だから覚えたことばの中でも、どうも叱られそうだなという悪いものを、わざと使ってみたりもします。

「わかったよ　バカァ」

「しってるよ　うるさーい」

「○○ちゃん　どけーっ」


状況をよく知っている大人が、その場に居て、両方のいい分をちゃんと聞いてやれば、一ばんいいけれど、なかなかむつかしい。

砂場で、子どもたちが遊んでいます。

そのなかに　バカァを連発する子が一人。

「のいてよ　バカァ」

「ぼくが　ここ　ほったんや　バカ」

「さわるな　バッカ」

（あきれていたらしい　子どもから次々と）

「いいのかなあ　バカバカって」

「バカなんて　いませんよ」

「バカいうひとが　バカだよ」

「そうだよねえ」

「そうそう　うちのママもいってたよ」

いい合いは、まだまだ発展します。


友だちに向かって言ったのではなく、何か約束をやぶった坊や

が、K子ちゃんに
「バカ」と　ぶっつけてきたら、どうする？
目を、キッとつり上げて
「もう　いっぺん　いってごらん」
って怒るのかなあ。
もし余裕があれば、しばらく黙ってみつめていて、ほとんど涙声で、
「いま　バカっていったの　だれ？
うちのかしこいしゅんちゃんは　どこ？」
なあんて、ママ的演技力全開で迫るかな。
「ママ　ごめんなさい」
って、寄ってくるまで、知らん顔っていう手もアルゾ！

これから押し寄せてくる、善悪とりまぜての子ども社会の風に対抗するには、ともかく最初が大事。気になることや　ことばだけど〝まっ　いいか〟と聞き流したり、〝そのうちに　あとでまとめて〟と、先にのばしたりはしないこと。

できるだけ、その場で注意しないと、後になったら鮮度落ちどこ

ろか、味もなくなるよ。
きっぱり叱って　さっぱりすること。
・あの時のこと　おもいだしてごらん
あれはだめよ
・きのうのことだけど　いやな子だったね
・前にもいったのに　またしたの
こんな言い方は、幼い子にはききめなし。

「ころせ」「しねぇ」を聞いたとき

一年生の**けんかことば**もさまざまです。ほほえましい口げんかあり、やりとりにつまって赤くなったり、両方が涙になって勝負なしに終わったりします。時には、大げんかが発生で、とんでいくことに……

「せんせー　けんかけんか
すごいよぉ　**ころせ**っていってる」
「ほんとだよ　**しねー**って　こわいよ」

殺す　殺される　死ぬ　死ね

こんな言葉が、幼児の口からとび出す背景には、その子の生育歴だけでなく、大人社会全体の変化やあり方も含めて、根深いものがあります。

でも私は何年生を担任しても、最初にその言葉が出たら、何をしていても止めさせて、みんなで話し合うことにしています。

一年生でも、肉親の死を味わった子、ペットの死で悲しんだ子は、その話をします。たどたどしくても、動かなくなること、話もできないこと、もう会えないこと、お墓にまいることまで、涙ながらに思い出します。

テレビの映像や、事故の現場も、目をそらさずに見ていることがわかります。**こわい、いやだ**で終わらない哀しい現実。でも

「しんでも　おほしさまになって、そらから　みててくれるねん」

の一言で、ほっとしたりしながら続きます。

「いやなことをされたから　**しね**っていった

たたくのんがまんしたから　えらい」

と、ふてくされていた子も、少しずつおちついてくるのがわかります。

こんな話し合いをしたから、いやな言葉はぴたりと止むか？そ

んなに甘くはない。子どもの毎日は、けんかと共にあるようなもの。（最近はおとなしめの子がふえたけど）またすぐに、人を傷つけることばがとび出します。でも何か違う。チクリと胸をさす気配が、本人にあると信じたい。

いやそれ以上に、だれかがきっと言ってくれます。大きく目をあけて……

「あっ　しぬっていったら　あかんのに」
「そうや　しんだらあかん　かなしいねん」
「おはなししたこと　わすれたん」
「しにたい人なんて　おらへんよ」

子どもたちの声がつみ重なって、たしかな力を生んでいく。それが友だちといっしょにくらすことによって強くなっていく〝子ども力〟だといいたいのです。

ぎゅっとだきしめて

K子ちゃん

腹立たしい時、叫びのような短いことばで片づけないでね。巨大怪獣ママゴンになって、上から見下ろして〝ガッ〟は、おどかし。親と子は、体のつながりを第一に話し合うの。

目と目を見合うようにしゃがむ。

先ず手を握って、ひざにのせてゆすってやる。

何より声。赤ちゃんの頃のように小さな声。ゆっくりとしたおだやかな調子で、ささやいてごらん。おちついてくるよ　親子共に。どんなにニクマレ口をたたいても、だいすきって、ぎゅっと抱きしめたくなってくるはず。


（ちょっと気弱になったママに贈る一冊）

『どんなにきみがすきだかあててごらん』（評論社）

サム・マクブラットニィ　文

アニタ・ジェラーム　絵

小川　仁央　訳

せいのび　せいいっぱい　すきだよ
つまさきのさきっちょまで　すきだよ
とびあがれる　こんかぎり　すきだよ
おつきさまにとどくぐらい　すきだよ

だれかさんとだれかさんに　そっくり

冷たいものの　のみすぎ　たべすぎにご用心
では　またね。

第十章　笑いキノコの育て方

好奇心が体力にくっついて

K子ちゃん
〝幻の笑いきのこ〟について、初秋の小論文届きました。悩める子育てママにしては、ぐっと余裕が出てきて、内容ともになかなかのものでした。
たった一人の子どもにふり回される……と思わないで、いっしょに暮らす大事な仲間と平和的共存をするための、一番いい方法。坊やがまきおこすどんな小さな事でも、先ずニコッ！　口角をあげて、笑って迎えることにしようと決めたわけね。

ひとまず深呼吸

「あっ　なにしたの」
「きいてから　やりなさいっていったのに」
「また　おんなじことというの　もういや」
つい出てしまう自分の第一声にブレーキをかけるために、頭の中にポッと笑いきのこを生やす。そのきのこには、センサー機能があって、ビビビビッ。じゃなくて、
♪フフフ　ホホホ　へへへのへ
プッププ　プッペ　パッパラパ
くすぐり音楽が、ゆっくり聞こえてくるのね。

そこでひとまず深呼吸。ともかく深呼吸。それから、おもむろに

〝ニコッ〟

もしかして目はキッとつり上がっていても、まずは口許にほほえみを浮かべる。いいねえ。子ども相手だけじゃなく、大人とのおつき合いも同じ。胸の内がざわざわしたとき、一瞬間をおくことができたら、あんな言葉は出さなかったのに……なんて思うこと大ありの私。笑いきのこが、今すぐ欲しくなりました。

新米ママ　見えない培養に成功か
子育てに不可欠なもの　　それは
自制心（セルフコントロール）
すぐカッとなる　あなたに贈りたい
笑いきのこの育て方　　乞ご期待

さっそくコマーシャルを作って、育児に悩む人に広く知らせてあげよう。と勇みたったのに、なぬっ！　無残にも、笑いきのこはたった二日で、効力を失って消滅ですって……〝今は秋風の吹く不毛の地に、かつて薄紅のかわいいきのこ。笑いを誘うふしぎなきのこがあったことを、だれも知らない〟

どうして？いい話なのに。あなた一人のものにしておくのは惜しいから、何とか幻にしないで、どんどん増やしてほしいな。

のんびり坊やが外遊びを始めて、たとえば人の後ろからついていくだけでいいって喜んでいたね。少々乱暴になっても、友だちといっしょに何かをしてほしいって望んでたね。少しずつ、あなたが待っていた方向へ行く日々。やがて、めざましく変わりはじめて、今度はついていくのに、ママが目を回しはじめたってこと？

K子ちゃん

〝育児は体力勝負だよ〟なんて、からかうつもりじゃありません。何をしても、子どもにとっては新しい体験。大人が知っていること、毎日当たり前のようにすごしていること、その一つ一つが子どもにとって珍しいこと。

しかも〝見てるだけ見てるだけ〟では満足しない。見つけたら、さわってみる、匂ってみる。赤ちゃんなら、口に入れてみる。つまり五感をフルに活動させて、とりくむよね。そこに言葉が加わって、知的好奇心が育っていくってこと。その上、くり返しに強いっていうのか、興味をもったら、ずうーっとずっとのめり込む。このひつこさ、この持続力に耐えられるかも大人は問われるってわけ。でも、これって本当は、とてもいいことよ。

あきもせずに　くりかえす

坊やが、ジャングルジムに毎日行って、同じことばっかりしているのね。下の土を掘ったり、おさるさんみたいにブラブラしたり、みんなのように上へ登ろうとしないで、一角だけに陣取って遊んでる。それなら低い鉄棒の方が安全なのにとすすめても、知らん顔。心配ないと思う。大人が考えるような変なこだわりじゃない。子どもの遊びで、一ばん大事なことは……

自分でみつけた遊びを　好きなだけ続けるということ
しかもそれが、外で　体を使ってだったら　もっと　すばらしい
（もう少し大きくなったら友だちと…）

じっと見ていてごらん。ただざわっていても毎日同じことのくり返しじゃないでしょ。ぶら下がって、体をふるのに慣れたら、長くしなるようにして続くでしょう。

足が土につく、ジャングルジムの四角い空間が、ぴったりなのよ。

そんな時は、先へ先へと教えたり支えたりしないこと。本人が満足するまで続けさせたらいい。つまり大人は、見守るだけ。

十分に遊んだら、友だちがしているのを、きっとまねしはじめる。上へ上へ一段ずつ、自分の力で登っていくまで、待つことね。

無理やりにせかしてみても、怖がるだけ。柔らかい体で、思いっきり試して遊んで、その楽しさを体で覚えること。

〝体力は　学力の基礎〟ですって。これは、言いかえると、幼児期に体に刻みこまれた楽しい経験が、次への好奇心を育て、学力の源になるってわけ。

そうじ大すき　一年生

一年生の好きなことの一つに、〝そうじ〟があります。上級生になるほど怠けるのに、一年生はそうじ大好き。当番を待ちわびて、みんな真剣です。

自分の机やいすを運ぶ。最近の家庭では、ほんど使わないほうきでのはきそうじ。ごみ集め、ふきそうじ。みんな目を輝かせてやりたがります。

♪おそうじおそうじ　はじめにはたきで

パッパパッパッ　パッパッパ……

なんて歌の通り、一つ一つ実物を手にやり方を教えていくわけだけど、これが最近は大変。

重い物を持つことも珍しいので、持ち方から、二人で力を合わせての運び方、きちんと揃えて並べること等、ゆっくり始めます。一年生ははやる気まんまん。まっ赤な顔でエイッと、全力で持ち上げる。でもすぐ下へおろす。（おちる？）ずるずると引きずって、また持ち上げる。

「ぼく　ちからもちだよ」

「よし　もういっぺん」

「そうそう　ちょうせんだ　ちょうせん」

なんて、友だちと笑顔で続けるのは感心。慣れていないから下手だけれど、ちっともいやがらずにやっています。手を使うことが減っているのは事実だけれど、子どもたちは、体力に合えば（いやそれ以上でも）、興味をもってやり方を覚えたら、くり返しくり返しぶつかってきます。

ぞうきんについても同じこと。バケツに水をくんで〝ふきそうじ〟をするのは、今では珍しい光景でしょう。それもあって、黙ってみているとふき出します。

一本指で、おそるおそる持ち上げる子は、例外としても、歩くところは、ぽたぽた水の道、ふいた机は水びたしがほとんど。本人が一所懸命しているだけにあわてます。

もちろん、家庭にも知らせて協力してもらいます。

◎古いタオルで、子どもの手に合った大きさの〝ぞうきん〟を作ってほしい

◎食事の時の台ふき。ふきんを洗ってしぼる　おふろでタオルをしぼる　ぞうきんをしぼる等どんどん　やらせましょう

(でもね　最近はこんなことアリ？　がいろいろ。ちょっと寒くなると、お湯で顔をふいてもらう子がふえる。反対に洗ってこない子も……この両極端の六才！)

K子ちゃん

外で遊ぶことと同じように、家の中で大人が何かしている時、寄ってきてやりたがることがあるでしょう。その時がチャンス。

へたを切った玉ネギの皮むきなんて最適。

「たまねぎくん　ちゃいろのふくぬいだら　はだかはまっしろだよ」なんて話しながらね。包丁は無理でも、皮むき器をもたせると、にんじんやじゃがいもならできそう。

ビビーッとつながる
目と手と脳

目にとびこんでくるもの
そこへ　近よって
手で　さわってみる

じっとしていて　わかることは
何もないといえるくらい
子どもは（大人も）
本物にふれることを
大事にしたいもの

買物だって、ただ連れて行くのじゃなくて献立の相談もして、何がいるか決めて指折り数えて行くと、足取りがちがうよ。毎日じゃなくてもいいから、やってごらん。

台所って、お玉じゃくし一こ、おなべ一こにしても大きくて、中においしいものが入っていて、いい匂いもして魅力的。子どもが、たまに入ってくると邪魔だけれど、大人のまねをして遊ぶのが子どもは好きなんだと、毎日つき合っていると、時間はかかっても何とか家事はできていくでしょう。

ただし、きちんと教えることは、小さなところから心を込めてすること

◎洗たくものを干す
（手に合うのは　ハンカチかな）
・ハンカチの端と端をもってピンと引っぱる
・端と端を　きちんと合わせて　干す
・洗たくばさみを　とめる
（当たり前のことだけど、順序立てるとこうなるね。とり入れる時のたたみ方　どこへしまうかもね）

手や体を使うから、これは生活習慣の中の運動……と思うでしょ。

でも〝折る　合わせる〟って、幼児にとっては頭を使うこと。

そこに**笑いきのこ**をもった協力者がいて、時々ちゃんとことばをかける
「しゅんちゃん　ハンカチほしできたね」

「たたみかた　じょうず」

ハンカチからくつした、パンツ。次から次へ手伝ってくれたりね。


〝ぞうきんをしぼる〟ことを通して、私がいいたいのは、幼児期の日常生活を見直してほしいってこと。

便利になりすぎた大人社会は、世話をされる存在としての赤ちゃんを、そのままカワイイと温室育ちにしたり、自分から動き始めた子どもを、面倒くさいと邪魔者扱いにして、放任してしまったりで、バランスのとれない育ちが目立つのです。

たくさんの子どもを見ていると、家庭の何気ない日常生活のリズムが、きちんと身についていることが、どれだけ大切かわかります。洋服のぬぎ着、清潔な体、身のまわりの整理など、自分自身のことができる子は、知的な感覚も育ち、周囲への心くばりもできるように思います。

だからね　K子ちゃん

〝笑いきのこ〟の発想は、とってもいいこと。
深呼吸をしてから　ニコッ！
お母さんの笑顔は、安心のしるし。
さあ　いい顔で『おやつだよ』

いっしょにつくろう

『しろくまちゃんのほっとけーき』（こぐま社）

わかやま　けん　作

こなは　ふわふわ
ぼーるは　ごとごと
ぽたあん　どろどろ　ぴちぴちぴち
ぷつぷつ　やけたかな
まあだまだ
しゅっ　ぺたん　ふくふく
（ねっ　おなかがすいたら　すいてなく
ても　すいこまれる　あのページ）
できた　できた
ほかほかの　ほっとけーき

おなかのすく秋です。あれもこれも坊やといっしょに作って、味わってね

天高く　親子ふっくらの秋ですもの

では　またね。

第十一章　フツー号は豆台風じゃない

びっくりを育てる種

K子ちゃん
季節はずれの豆型台風〝フツー号〟が吹き荒れて、しばらく大変。豆粒のように中心は小さくても、速度は超のろのろ。なめるように周辺を不安の渦に巻きこんでいった。だから、残った傷跡も深く、ため息ばっかりだったって。いったい　どんな台風だったの。

普通じゃないって

発生は保健所。検診の時、あるお母さんが言われたひとこと。

「ちょっと　普通じゃないですね」

赤ちゃんから集団生活に入るまでの子ども（主として第一子）をもつ、若いお母さん。悩みながら子育てしている人たちが、身体はもちろんのこと、表情・動作・言葉・育ちのすべてに関心をもつのは当然のこと。

特に気になることのある人は、想像以上に他の子どもや親たち、係の人を意識しているもの。あなたの友だちも、やや消極的なところがあって、いつもK子ちゃんが声をかけて引っぱり出している人なのね。子どもも一年遅れの三月生まれ。だから先輩ママとして、相談にのってあげてたって。やさしいK子ちゃんらしい様子がうかびます。

いつもと違う特別な環境におかれて、珍しい物や人に囲まれたら、幼い子はそれだけで反応がちがうこと。一日だけ、その時だけで判断するなんて無理なこと……といっても、(みんなそうなのに　なぜうちの子は…)と、なってしまう。

何について、どんな状態で、そのことばが出たのか。あなたはそのことをくわしく書いていない。でも〝普通って何だろう〟ってみんな考えこんでしまったのね。

「ちょっと　普通じゃないですね」

もう一つは、そのことばが家族や友だち、身近な親しい人との会話じゃなかったこと。たとえ気軽な会話でも、ぐっと突き刺さる一言はあるもの。自分のこと以上に、気になる子どものこと。改まった場で、専門的な立場の人からの発言だったから、与えたショックも大きかっただろうと心が痛みます。

保育や教育にかかわる者は、この言葉のもつ重みや、使い方によってはその意味が変わることを知っていて、心して使っているはず。私も一対一で話し合う個人面談等は、特に気をつけています。

ちょっと古いけれど、テレビの(よい子・悪い子・普通の子)的な言い方は、根強く残っているでしょう?

「まあまあ　フツーであってくれたら　それで何よりだから……」大半の親の口から聞かれることばです。

K子ちゃんの頃はどうだったか、もう忘れたかもしれない。学期末の評価にも、

（ふつう　もうすこし）があったけれど

（できる　もうすこし）に変えたとか……

短いことばのもつ働きには、立場を変えると多様な考え方があって、正直なところむつかしいものです。

〝みんなと同じことを　ほとんど同じようにできて　はじめて普通の子〟

と決めて見ているから、ちょっとでもはみ出すか、そこに至らないときびしい目でみてしまいがち。それもわかる。でも普通なら安心といい聞かせているのが現実じゃないかしら。

一日一日めざましく成長する幼児期は、変化がよく見えるもの。一人の不安な目ではなく、一人でもたくさんの目でお互いの子どもを見守ること。〝普通ってなに？〟って、それぞれが考えてみる、そして十分に話し合いできる輪の中で、みんな育ち合うのだと思う。

普通から広がって、小さい頃、みんなと違ったことで心配した話。

〝ことば力〟でいうと、最低の感嘆詞で
・わおぅ　おんなじ
・げっ　やめて
・そうそう　うんうん
・いやぁ　もう　くるしぃ
なんて連発しながらもりあがったって。まあよく覚えているのね。いやなことより、いいことの方を忘れないというのに……

K子ちゃんの朝顔のこと。理科（今は生活科）で育てているので、現在の一年生と重なって、よくわかります。

一つぶのたねから

> 植物の成長や変化、不思議さや面白さに気付くことができる
> （ぐんぐん　のびろ）

朝顔やひまわり、二十日大根のように、成長の早い身近な植物を育てます。土をさわることの少ない都会の子は、種から大さわぎ。
・おおきいごま　・スイカのかたちや

・かたいよ　　　・たべられるの
・ほんとにこれが　はなのもと？
・こんなちっちゃいのが　どうなるの
（植木鉢に土を入れる作業も　手間取って）

やっと三粒ずつ、土の中へ……（後で一株に）

　さあ水やり。人間のごはんといっしょだから、毎日忘れないでと約束。ずらりと並んだ記名した鉢。何日か後、

「でた！　ぼくのあさがお　いっとう」

ニュースはろうかをかけ抜けランドセルのままとんでいく子も……

　ぽっちり出た若い芽は、全員の瞳を集めて光っていました。

〝ふたば〟になるのも一番。

「でた　わたしのめ」

「ぼくのも　ふたつ　おきてきた」

　朝のはずんだ報告は続きます。同じ日にまいた種が、次から次へ芽を出していくのに、待っても待っても黒っぽい土のままの鉢もある。水のやりすぎ？　土が少なかった？

「どうして　わたしのは　でないの」

「おねぼうしてる　きらい」

「もうすぐ　でてくるから」

とびかうことば、水の音、春のひざし。

ここがK子ちゃんの記憶に、あざやかに残る風景だったとは……毎朝どきどきして見に行って、まだ芽が出てなくて、泣きそうになって水をやっている一年生の自分が、夢の中にいるんですって。わあ知らなかった。

アサガオと一年生

小さな胸をときめかせて、毎朝あさがおに会いに行く子どもたち。のび方に少し差はあっても、葉の色・形・くきの太さに注目し、**ふたば**から**ほんば**へ、ふえる数をたしかめて大事にします。

やがて細い**つる**が出てくると、支柱立て。そろそろと道を歩くように、**つる**が支柱にそって巻きついていく様子は、植物のふしぎそのもの。

・みどりのはりがねみたい

・なんで　ひっつくみち　しってるの

・ほんとは　よる　へびになってるかも

・くねくね　うえむきや

・ぼくが　じいっとたってたら　のぼってくるかなあ

(おしゃべりはつきません)

ほんとの　ふしぎ
たねから　たねまで

ひとつぶの　種から
何日かして　芽が出る
それだけでも　びっくりなのに
一日一日のびていく様子は
本当に注目

成長の実感は
小さな植木鉢でも
味わえる

「みてみて……」
小さな変化を
すぐに伝えたくなる

植物を種から育てるという経験は、めったにない子が多く、それだけ新鮮で好奇心もりもり。図かん的な知識だけで、知ったふりをしていた子が、少しずつ変わっていくのも、このころからです。

夏休みは家庭へ運び、今度こそ一人の鉢になるわけ。つぼみから花へ、それぞれが成長を味わうことで、夏の花はあざやかな思い出に……では終わらないよね　K子ちゃん。お母さんになったあなたが、今も覚えているというみんなの歓声を、私は今年も味わったのだから………　再現ドラマみたい？

緑からうす茶、こげ茶にふくらむ種。ぽろりと袋を破っておちる、いくつかの種。

「あっ　あのたねや」
「おんなじのや　かたいよ」
「これ　土にまいたら　また　めがでるよ」

にぎやかな声を、根っこの話へ。
地上での変化がはげしい分、目に見えない土の中、根への興味はうすれ気味。はたして根は、どうなってるのかな、どんな長さ、太さは等、話し合って鉢をひっくりかえす。
その瞬間……本当にびっくりした時、何十人いても一瞬、声が出ないってことがある。土もないほど白い根ばっかり。植木鉢の形になってはった根に、息をのんだ子どもたち。でもすぐに、自分の手でさわりはじめ根のはり具合、土の中の変化にも興味が広がっていくのです。K子ちゃん、一粒からのふしぎ、あなたの覚えている感動は、あれからもずうっと続いているのよ。

今年の一年生は、びっくりするほど根気よく〝長さくらべ〟をしました。教室の柱にぴったりくっつけて、長さや太さの変化に改めて感心。窓わくにそわせてみて

「ほんとは　まっすぐになりたかったのに　かわいそう」

「ぐじゃぐじゃ　もつれねっこ」

「だから　いま　これでどう」

なんて言う子もいました。

家庭での子どもたちの経験は雑多です。でも学校で、友だちといっしょに世話をして育ててきた、短いけれど変化に富んだ、あさがおの一生は、実は長く大きな〝子ども力〟を育て上げてくれるのです。

K子ちゃん

あなたの思い出に寄り添いすぎたかしら? 今回は、坊や不在のまま書きとばしてしまいました。けれども、一粒の種子の生命力は、子

どものそれに重なって、しゅんちゃんにももう根付いていることでしょう。

今年のお正月は、田舎で迎えることにしましたって。

〝家でつくおもちのことを　今から　ながーく話題にして　モチモチ楽しんでます〟

それはいいね。日常のくらしを離れて、緑に囲まれた地へ旅する（帰る？）それだけでも十分。それ以上に孫を待っていてくださる、笑顔、都会にはない昔からの風習も、いろいろ残っていることでしょう。

お正月　まんまるまっ白のおもち。

パック包装のおもちも便利でおいしいけれど、やっぱり　ほんとの〝おもちつき〟が最高。お米からむして、ペッタンペッタンつきあげる。加減をみながらの年長者の教え、あつあつを丸めながら、一家総出の手作業とおしゃべり。

神仏への祈りをこめた鏡もち作りは、恵みを与えてくれた山河や、自然への畏敬の念があってこそ。そこにいっしょにいるだけで、じいんと伝わってくるものがある。幼い子どもにも、きっとね。

パパとあそぼう

いとこのお兄ちゃんやお姉ちゃんと、いっぱい遊ぶのもいいね。それ以上に　もうパパがはりきっているって。うわあ　ほほえましい。少年時代にかえって、坊やと走り回るのかな。広いところで、思いっきり遊んでいらっしゃい。それが何よりの親子の休日。

「どうだ　よくとぶだろう」

と　ちょっぴり得意になれるように　パパに贈る一冊を……

『かみひこうき』（福音館書店）

小林実　文

林明子　絵

一枚の紙がすうーっと　とぶ

ストン！　あれ　どうしておちるの

折り方は　とばし方は

どこを直せば

もっととぶの

工夫する楽しさ

よく　とぶひこうきへの科学絵本

初日の出　走り回る坊やの赤いほっぺ

もうすぐ　お正月ね　いいお年を……

第十二章　ママことば　ベスト1

たしざんのように　ひきざんを

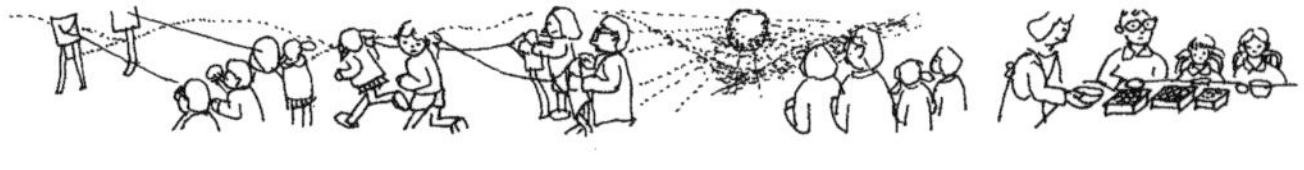

K子ちゃん
〝ちょっと　ちょっとで　あたふたママ〟
寒さをふきとばす元気だより、ちょっとかぜ気味だったけど、良質の薬が届いたみたい。土の匂いのする、田舎の冬休みだより、とってもいいものでした。

おじいちゃん　おばあちゃんと

何かあったら、すぐ電話で知らせる。声のたよりはその日のうちに届くおしゃべり。その場の状況は、写真で送ろうと思えば、それもできる。だから安心という日常になれてしまいそうな現代。でも違うよね。

どんなに長電話しても、何十枚の写真を送っていても伝えきれない。待つ方からいえば、満足できないところへ本物。

〝ぴかぴかのおみやげ　坊や〟を連れての冬休みの旅。

ついてすぐのんびり坊やが、おじいちゃんおばあちゃんについて回って、

「これ　なあに　なにするもの」

「これ　たべるの　おいしいの」

「こわい？　うごくの」

なんて、見るものみんな次から次へさわって、聞いている様子にびっくり。それ以上にふだんはもっと用心深いと思っていたのに、広い家の中や、切り株だらけの田んぼ、雑草や小石まじりの土の道を、とっとことっとこ走ること。

〝歩くというより走る。いいえ　とんでるって感じ。どこでもおそれず、とび回るのが子どもなんだって、改めて気づきました。〟

ほんとにそうね。都会のまん中、コンクリートの道しか知らないような子どもを見ていると、何かしら足許が弱そうに見える。

この前、ニュータウンと呼ばれる巨大な建物が並ぶ白い街で、一人のおかあさんが、入学前の心配ごとの一つして言われたこと。

◎舗装してある道しかあるいたことがない
（公園も芝生がきれい）
◎散歩も心がけているけれど、幼稚園は園バス。外出は車がほとんど。
◎信号は必ずあって、押しボタンの操作はできる。でも前後左右を見て渡る。ふつうの道ならできる機敏性が養われていない。

つまり、子どもながらも生きていく力、たくましい生活力がついてない気がするって。完璧といっていいくらい、交通条件は整って安全に守られているけれど、それでいいのかな。一分でも早くとんで出て遊びたい。だから、せまい路地をかけぬけるスリル。

犬といっしょに草っ原や、川の土手を転び回ったり、猫や小動物がくぐりぬけたらしい穴に手をつっこんだり、子どもだけができていた小さな冒険は、今の時代、遠くなってしまったのね。

子どもって、本当は広々とした空間で走り回って、帰る時間も忘れてしまうほど、遊ぶのが大好き。もう少し大きくなると、気の合う友だちといっしょに、秘密の場所を作ってそこに何か集めたり、埋めておいてそこを忘れたりをくり返すのよね。その間に、けんかしてすねたりなだめたり、いろんな役割をお互いに経験していくわけ。

もちろん、坊やの年ならばまだ、ママべったりでいいの。でも、あなたがびっくりしたように、田舎の空気を吸って、ぐんと元気になったのもわかる。広々としたところで、走る気もちよさ。いつもと違うけれど、すぐなじんでのびのびしているのはいいね。きっとあなたが、おじいちゃんおばあちゃんのことやあれこれをいつも話していたから、安心できる人たちに囲まれて〝子ども力全開〟で、とび回ってるのね。

でも　大笑い事件も……

るす番していたママのところへ、とんできた坊やの報告。

「ばあちゃんも　ママと　いっしょ」

「なにが　いっしょ？」

この頃、行動がすばやくなってきた坊やに、いつも言っていたのは、

「ちょっと　待って」

はじめは、かわいく首をかしげて、

「うん　ちょっとだけ……ね」

だんだん
「まだなの　まだなの」

と、くり返しの催促。つい声を高くして、

「ちょっとだけ　まてないのぉ」

と叱ってしまう。（大人の勝手が多いのに）

何回もそんなことがあった後で　また
「ちょっと　ほんとに　ちょっと待って」

といったママに、

「ちょっとって　どれくらい
ちょっとって　もう　きらい」

反省したけれど、もう口ぐせになったと開き直ったママ。でも砂場行きの道具をもって、

「ちょっと　まって　いくよ」

と先回りしていったことも……

　また別の日、叱った後に泣いてしゃくりあげながら、何の関連もないのに、小さな声で言ってたのね。

「ちょっと　まって　ちょっと……」

二人だけに通じる、実感のこもった〝母子ことば〟　だから、おばあちゃんに同じことを言われてとんできたのかな。

一年生の作文から

　お母さんたちの共通語のようなことばは、一年生の作文にも、よく出てきます。

朝のことばのベストワンは、周知のように
◎はやく（　　　）しなさい
このごろは、丸投げ流行型もあり。
・ちゃんとしたのね　しらないからね
・なんかいも　いわないよ
・ああ　そう　こまるのは（　）ちゃん

この間、お母さん（家の人）に、一ばん言ってほしくない　ことばを調べたら

・「あとで」　　（ばっかり　いう）
・「ちょっと　いま　だめ」（じゃ　いつ）
・「うるさい」　（何度もいってないのに）
・「ちゃんと　ききなさい」（きいてるのに）
・「だまってて」　（話したいことがあるのに）
・「なんで　いまごろ　いうの」（じゃ　いつ　いうの）

まだまだ続出。子どもが集団生活に入って、別々にすごす時間がふえる。ことばも豊かになると、伝え合いたい思いがふくらむ。うまく届けばいいのに空回りも多い。新しい一年生を迎える度に感じるのは、やっぱり

〝ことばの貧しさ〟自分のことばで話したり聞いたりする体験の少なさです。

一年生の国語学習は、『聞くこと　話すこと』からはじまります。

自分の言葉で語ることの楽しさ、自分の言葉を受けとめてもらえることのうれしさが、十分に体得できる学習
学習活動を通して、文字や言葉が「伝え合う」ために、大切な働きをすることをしっかりと感じとる

K子ちゃん

この**伝え合う**の源は、赤ちゃんから始まってるってこと。一つずつことばを覚えた頃、

「ブーブー　ブーブー」と、指さした時、

「ブーブー　いったね
ブーブー　どこ　いったかな
ブーブー　じどうしゃ　バイバイ」

次から次へ、話しかけたでしょ。抱っこしていても、手をつないでいても、ちゃんと答えてやった。ブーブーの一言に、二倍も三倍もの〝**ことばのたしざん**〟をしたでしょう。

このつみ重ねが、大事なことばの種の温床。

自分をいつも守ってくれて、ことばをかけてくれる大人がいる。そばでまねをして、一つ一つことばを覚えていくのね。

（ケータイの画面を見て、ちっとも子どもを見ていない　若いママが気になるけれど）

生活の広がりに合わせて、ことばが増えて心身共にめざましい成長を見せる頃。気になることばや、にくまれ口も覚えてきます。やさしい笑顔ばかりでいられない、育児の大変さも続き、いよいよことば対決も……

まあ、今日はいい方の例に切りかえて、反対の話をしましょうか。いいことがあって、好きな人に話したい時、どうしても語彙の少ない子どもの話は、くり返しが多いわけ。その上に、とぎれとぎれ。つなぐのに

・それでぇ　・だってぇ　・んでねぇ

とゆっくり。あちこち見たりしてもどかしい。そんな時、どうするか。ここが分かれ道なのダ。何のって、ちょっとだけかしこい大人とちょっとだけ、まずい大人の……ね。

賢明なK子ママなら、わかるでしょ。

そう、聞き役になって〝**ことばのひきざん**〟

＝はやく・もうわかってる・おんなじことばっかり・（　）でしょ

耳できくより
目できくつもり

〝目は心のまど〟
たしかに大きなまど

「あのね」
子どもの話を聞くとき
子どもと話すとき
まず向き合って心を開くと
ことばが　まっすぐ届くはず

ほかに　ないの　ひっこいねえ
（きつい言葉は　ぐっと引いて）
よかったねえ　・ああ　そうか
（にっこり　おだやかな表情ことば……）
＝そうー　・ふうん

耳で聞くんじゃない。目と耳で聴く

聞くと聴くの違い？　それは宿題。どう違うか調べてごらん。なんてね。聴くには、聞き入れる・ゆるすって深い意味もあるの。

話したいことがありそうで寄ってきたら、たとえ内容がわかっていても、何回かきいたことでも、先ずは受けとめる。しゃがんで抱き寄せて、目をちゃんと見て、

「なあに　ママにはなして……」

って言ってごらん。ことばの種が育っていく過程には、たくさんの支えがいるのです。つい忙しくて、アーアとため息が出たり、イライラして大人が手を出したくなったりした時、思い出してほしい。

◎ちょっと待て　車は急に止まれない
交通安全の標語　じゃ　なくて

ちょっと待て……子どもはことば探してる
……子どもはもっと考える
大人はするな　先回り

K子ちゃんの口ぐせ「ちょっと　まって」と違うから混乱するかしら。でもこちらは、せっかちになりがちな大人のくせを、自分でおさえる心の中のことば。考えてみると、ちょっとの間のとり方は、とっても大切でむつかしいよ。そうそう　いつかの　笑いきのこと同じね。笑いきのこの標語化ってところかな。じゃ　あなたと私の合作ってことに……

冬ごもりもいいね

重いけれど土の匂いのする冬野菜、坊やのリュックにも、おもちやおかきをつめてもらって帰ってきたのね。しばらくは冬ごもり？静かな山里を思い出しながら、一日のおわりにゆっくりと読んでほしい一冊を……

『ぽとんぽとんはなんのおと』
（福音館書店）

神沢利子　作
平山英三　絵

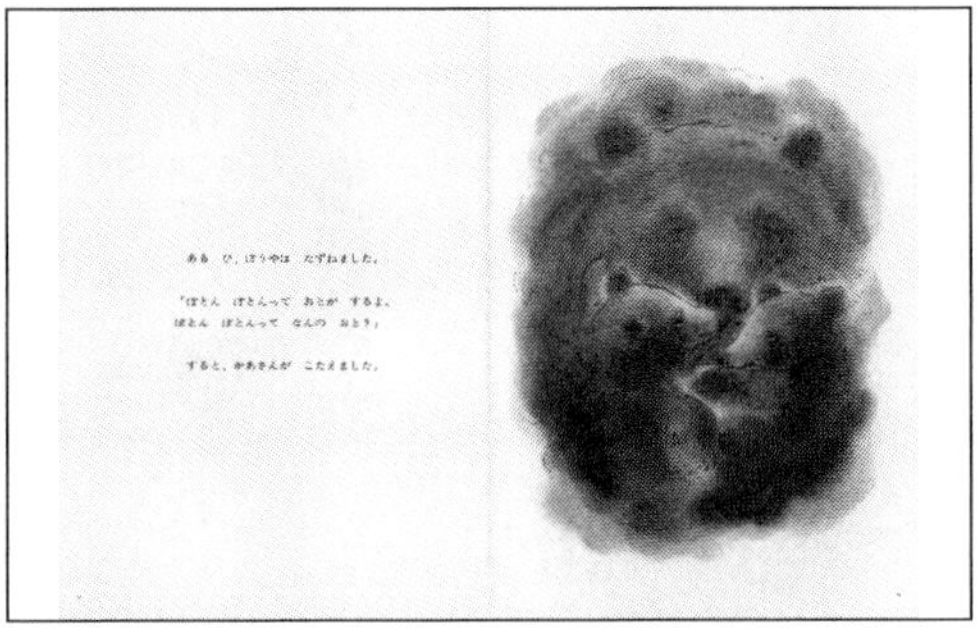

ふゆごもりの　あなのなか
くまのかあさんは　ふたごの　ぼう
やを　うみました

あるひ　ぼうやは　たずねました
「つっぴい　つっぴい　おとがするよ
つっぴい　つっぴいってなんのおと」

するとかあさんが　こたえました
「ことりのこえよ
よいおてんきが　うれしくて
ひがらがうたっているのでしょう」

おふとんのあなのなかで
「かあさん　はなが　くすぐったいよ
なんだか　いいにおいだね」
って　まねっこしそう……
お父さんあぐらの中で、ほっこり聞いていると、すぐにねむってしまうかな。
この本だけは、親子で静かに楽しんでほしいと思います。
でも　そろそろ冬ごもりは　おしまい
あかるい外へ　さあ　遊びにいきましょう。

絵本…いつでも　何度でも…

「やっぱりいましたよぉ」
「まさか？　ほんと？」

四月、教室から帰ってきた一年生担任のことばに注目。国語の教科書には絵本からの教材も多く、子どもたちはなじみのある絵をすぐみつけます。

なかでも見開き二頁分に大きく三場面も…パラパラとめくると目にとびこんできて、

「ワァッ」……と思われる作品。

♪ぼくらのなまえは　ぐりとぐら
　このよでいちばん　すきなのは……
　＝ぐりとぐら　中川李枝子作・山脇百合子絵　福音館書店＝

刊行後四十年、子どもなら知っているはず、児童書売場がどんなにせまくても、この本はあるはず、幼稚園や保育所にもあって、読んでもらっているはず、いやいや、ぐりとぐらが登場する本は十余冊、一冊ぐらいは家庭にもあるはず……と、知らない子がいるかも……という話を打ち消していたのです。

若い父母の接し方、テレビや子育てビデオ映像文化任せの昨今、もしかして……が現実になったというのです。

「あっ　ぐりとぐらや」

「しってるぅ　こくごのほんにも　でてるわ」

「ぼく　おおそうじ　もってるよ」

と、次から次へ広がっていくのに、

「ねずみさん？　どんなおはなし」

きょとんとしている子がいたというのです。

　ブルーナのうさこちゃんやピーターラビットのように、身の回りの小物や洋服、ＣＭキャラクターには一切登場しない。絵本でしか会えないのが、〝ぐりとぐら〟


　手をつないで歩くと、だれかが気分ぴったりの歌をうたう。一人が歌うとみんなも歌う。

「〇〇　みたいに力もち」

と外へとび出すと、

「ぼくだって……」

「わたしだって……」

と、〇〇になりきって動きまわる。

　そこには、だれかといっしょに遊んだ楽しさを共有できる場がすぐできました。それが変わりはじめ、だれでも知っているはずの歌や物語、いや遊ぶ時間すらも、少なくなっていくのはさみしいことです。

せめて赤ちゃんのときの子もりうた、あやしたあの頃と同じように、おだやかな声で絵本を読みつづけてほしい。

図書館にも、幼稚園や保育所にも絵本はあり貸し出しもあるでしょう。でもここには、〝ぼくの本　わたしの本〟として、いつでも家にあって手にとり、大好きな家族の声で、くりかえしくりかえし読んでほしい本をあつめてみました。また子どもといっしょに楽しむことを第一に遊びの絵本を多くしました。

読んでもらった絵本につまっている暖かい時間は、見えない力となって成長していく子どもを支えます。

もっと身近なふしぎを………

もっともっと長い物語を………

一人一人に寄りそった〝絵本リスト〟がふえていくことを願っています。

あかちゃんと ふ・ふ・ふ

書名	文	絵	出版社	
いない　いない　ばあ	松谷みよ子	瀬川康男	童心社	のせてのせて他全六冊
こんにちは	渡辺茂男	大友康夫	福音館書店	
どうぶつのおやこ		薮内正幸	福音館書店	
くつくつ　あるけ	林　明子	林　明子	福音館書店	おててがでたよ他全三冊
みんなおっぱい のんでたよ	木坂　涼	木村しゅうじ	福音館書店	
どうぶつのおかあさん	小森　厚	薮内正幸	福音館書店	
がたんごとん がたんごとん	安西水丸	安西水丸	福音館書店	
ママ　だいすき	まどみちお	まじませつこ	こぐま社	
ちいさなうさこちゃん	ディック・ブルーナ 石井桃子（訳）	ディック・ブルーナ	福音館書店	第一集〜
ずかん・じどうしゃ	山本忠敬	山本忠敬	福音館書店	

くらい夜でもだいじょうぶ

書名	文	絵	出版社	
もう　ねんね	松谷みよ子	瀬川康男	童心社	赤ちゃんの本全六冊
どうやってねるのかな	薮内正幸	薮内正幸	福音館書店	
おやすみなさい　コッコさん	片山　健	片山　健	福音館書店	
もりの　なか	マリー・ホール・エッツ　間崎ルリ子	マリー・ホール・エッツ	福音館書店	
おやすみなさいのほん	マーガレット・ワイズ・ブラウン　石井桃子	ジャン・シャロー	福音館書店	
おやすみなさい　フランシス	ラッセル・ホーバン　まつおかきょうこ	ガース・ウィリアムス	福音館書店	
ねむれないの？　ちいくまくん	マーティン・ワッデル　角野栄子	バーバラ・ファース	評論社	
かいじゅうたちのいるところ	モーリス・センダック　じんぐうてるお	モーリス・センダック	冨山房	

おいしいものだいすき

くだもの	平山和子	平山和子	福音館書店	

むかしむかし あったとさ

おにぎり	平山英三	平山和子	福音館書店	
たべもの	中江俊夫	伊藤秀男	福音館書店	
おおきなおおきなおいも	市村久子（原案）	赤羽末吉	福音館書店	
しろくまちゃんのほっとけーき	わかやまけん	わかやまけん	こぐま社	こぐまちゃんシリーズ
はらぺこあおむし	エリック・カール もりひさし	エリック・カール	偕成社	
14ひきのあさごはん	いわむらかずお	いわむらかずお	童心社	シリーズ
からすのパンやさん	かこさとし	かこさとし	偕成社	
ぐりとぐら	中川李枝子	大村百合子	福音館書店	シリーズ
お月さまってどんなあじ？	ミヒャエル・グレイニェク いずみちほこ	ミヒャエル・グレイニェク	セーラー出版	
にんじんさんがあかいわけ	まつたにみよこ	ひらやまえいぞう	童心社	

書名	文	絵	出版社
ももたろう	松居　直	赤羽末吉	福音館書店
うらしまたろう	時田史郎	秋野不矩	福音館書店
ふしぎなたけのこ	松野正子	瀬川康男	福音館書店
いっすんぼうし	いしいももこ	あきのふく	福音館書店
かさじぞう	瀬田貞二	赤羽末吉	福音館書店
ねずみじょうど	瀬田貞二	丸木位里	福音館書店
ねずみのすもう	大川悦生	梅田俊作	ポプラ社
かにむかし	木下順二	清水　崑	岩波書店
たなばた	君島久子	初山　滋	福音館書店
おおきなかぶ	内田莉莎子	佐藤忠良	福音館書店
三びきのやぎのがらがらどん	北欧民話 瀬田貞二訳	マーシャ・ブラウン	福音館書店

ずうーっとずっと わすれない

てぶくろ	ウクライナ民話 うちだりさこ訳	エウゲーニ M ラチョフ	福音館書店
三びきのこぶた	イギリス昔話	山田三郎	福音館書店
おおかみと七ひきのこやぎ	グリム童話 瀬田貞二訳	ホフマン	福音館書店
ブレーメンのおんがくたい	グリム童話 瀬田貞二訳	フィッシャー	福音館書店
おだんごぱん	ロシア民話 瀬田貞二訳	脇田 和	福音館書店
王さまと九人のきょうだい	中国の民話 君島久子再話	赤羽末吉	岩波書店
かばくん	岸田衿子	中谷千代子	福音館書店
ちいさなねこ	石井桃子	横内 襄	福音館書店
たろうのおでかけ	村山桂子	堀内誠一	福音館書店
ぐるんぱのようちえん	西内みなみ	堀内誠一	福音館書店

書名	文	絵	出版社	
だるまちゃんとてんぐちゃん	加古里子	加古里子	福音館書店	シリーズ
わたしのワンピース	にしまきかやこ	にしまきかやこ	こぐま社	
ねずみくんのチョッキ	なかえよしお	上野紀子	ポプラ社	シリーズ
11ぴきのねこ	馬場のぼる	馬場のぼる	こぐま社	シリーズ
しょうぼうじどうしゃじぷた	渡辺茂男	山本忠敬	福音館書店	
おふろだいすき	松岡享子	林　明子	福音館書店	
はなをくんくん	ルース・クラウス 木島始訳	マーク・サイモント	福音館書店	
どろんこハリー	ジーン・ジオン 渡辺茂男訳	マーガレット・B・グレアム	福音館書店	
しろいうさぎとくろいうさぎ	ガース・ウィリアムス　松岡享子訳	ガース・ウィリアムス	福音館書店	
あおくんときいろちゃん	レオ・レオーニ 藤田圭雄訳	レオ・レオーニ	至光社	
まりーちゃんとひつじ	フランソワーズ 与田準一訳	フランソワーズ	岩波書店	

あそびましょう

◎どこかなにかな

ちいさいおうち	バージニア・リー・バートン　いしいももこ訳	バージニア・リー・バートン	岩波書店	
ひとまねこざる	H・A・レイ　光吉夏弥訳	H・A・レイ	岩波書店	シリーズ
ピーターラビットのおはなし	ベアトリクス・ポター　いしいももこ訳	ベアトリクス・ポター	福音館書店	
こすずめのぼうけん	ルース・エインワーズ　石井桃子訳	堀内誠一	福音館書店	
いたずらきかんしゃちゅうちゅう	バージニア・リー・バートン　村岡花子訳	バージニア・リー・バートン	福音館書店	
きんぎょがにげた	五味太郎	五味太郎	福音館書店	
かくしたのだあれ	五味太郎	五味太郎	文化出版局	どうぶつあれあれえほん
どれがぼくかわかる?	カーラ・カースキン　与田静訳	カーラ・カースキン	偕成社	
とこちゃんはどこ	松岡享子	加古里子	福音館書店	
やさいのおなか	きうちかつ	きうちかつ	福音館書店	

◎ことば・ことば

書名	文	絵	出版社
たまごのあかちゃん	かんざわとしこ	やぎゅうげんいちろう	福音館書店
いしころ	森　宏詞	京田信太良（絵） 平光紀雄（撮影）	文研出版
ころ　ころ　ころ	元永定正	元永定正	福音館書店
もけらもけら	山下洋輔	元永定正	福音館書店
ごろごろにゃーん	長　新太	長　新太	福音館書店
もこ　もこもこ	谷川俊太郎	元永定正	文研出版
カニ　ツン　ツン	金関寿夫	元永定正	福音館書店
かかかかか	五味太郎	五味太郎	偕成社
ぶたたぬききつねねこ	馬場のぼる	馬場のぼる	こぐま社
わにさんどきっ はいしゃさんどきっ	五味太郎	五味太郎	偕成社
なぞなぞえほん1～3	中川李枝子	山脇百合子	福音館書店

◎つくってあそぼ

どうぶつはやくち あいうえお	岸田衿子	わかやまけん	のら書店
ひとつ　ひまわり	小長谷清美	福知伸夫	福音館書店
かぞえうたのほん	岸田衿子	スズキコージ	福音館書店
えかきうたのほん	中村柾子 西巻茅子	西巻茅子	福音館書店
あいうえおうた	谷川俊太郎	降矢なな	福音館書店
あいうえおうさま	寺村輝夫	和歌山静子	理論社
あいうえおの本		安野光雅	福音館書店
しんぶんしでつくろう	よしだきみまろ	よしだきみまろ	福音館書店
伝承おりがみⅠⅡⅢⅣ	つじむらますろう 編	つじむらますろう	福音館書店
やさいでぺったん	よしだきみまろ	よしだきみまろ	福音館書店

ふしぎの芽
ふくらまそ

書名	文	絵	出版社
わたし	谷川俊太郎	長　新太	福音館書店
みんなの　かお	とだきょうこ	さとうあきら（写真）	福音館書店
みんな　うんち	五味太郎	五味太郎	福音館書店
はははのはなし	加古里子	加古里子	福音館書店
ふゆめがっしょうだん	冨成忠夫 長　新太	茂木　透（写真）	福音館書店
よもぎだんご	さとうわきこ	さとうわきこ	福音館書店
あそぼうあそぼう おとうさん	浜田桂子	浜田桂子	福音館書店
サンタクロースって ほんとにいるの	てるおかいつこ	すぎうらはんも	福音館書店

あとがき

「先生　聞いてください　困ってます」
「私もいっしょ　ほんとに悩んでます」

一年生が廊下で迎えてくれます。六歳の一年生ではなく、十八歳の一年生。幼児教育科の学生です。保育内容の研究で絵本を中心とした講座を担当しました。最終日、お気に入りの絵本を一冊持ってくる約束でした。

〝あ、やっぱり……何人か忘れてくるかなと思ったけど、三人も……テストに実技練習、毎日つまってて大変だから無理もない。でも昼休み、図書館へ走ってもいいのに……〟

と、心の中でつぶやきながら、まだまだ童顔の、日焼けした保育士の卵たちと向き合いました。

でも次の瞬間、赤面したのは私でした。

「どうしても　一冊にしないとダメですか」
「どっちにしようか　決められなくて……」
「昨日からずうっと悩んで　とうとう両方もってきた」

うれしい誤算でした。それぞれの心に残る一冊、子どもに読んでやりたい一冊、みんなに紹介したい好きな絵本を、楽しみながら選んできたのです。

◎小さい頃、母に読んでもらっていたうちの一冊です。今も時々、絵本が読みたくなって、とり出して呼んでみます。好きだった絵本は、久しぶりにみてもどこに何がかいてあったか、ちゃんと覚えていて、それに驚きました。

◎この絵本、わけのわからない歌が好きでした。何をいってるのかふしぎだけれど、リズムにのって体が動いて、母といっしょに歌ってた記憶があります。一人ぐらしの部屋に持ってきました。

◎幼稚園からもって帰って、家でもよく読んでもらいました。この前の実習で、子どもたちによみました。自分の好きな絵本を聞いてくれる喜びにじいんとなって、いい時間でした。

◎絵本の中にわたしがいたら……といつも想像していました。

絵本って、とてもあたたかくて大きく、楽しい空間です。

震災で思い出の品は全部失ったとか、親類の子にゆずったとか、家を離れているとか話し合いながら、家族へのさまざまな想いがふくらんでいきました。

子どもと共に生きること、その発達に寄り添って見守るのは、たくさんの大人。その一人として胸をはって言い続けたいのです。

〝おくりものは　ことば〟

情報や物のあふれる中で、人と人とが向き合って、きちんと話すことの大切さを……子どもたちはやがて、ことばで考えることができるように成長していくのです。いまはたどたどしいことばでも、ゆっくりと笑顔でこたえてくれる人がいるだけで……

本書は保育誌『げ・ん・き』に連載したものをまとめました。

自由な場をくださった新開英二氏、たくさんの子どもの絵で励ましてくださった是常哲生氏に心からのお礼を申し上げます。

あじさいのつぼみが
雨のうたを思い出すころに……

いつでも
のんびり
うきうきと
えほんでごきげん
うっふっふ
のはらの
ぶらんこ
こいでます

井上　修子（いのうえ　のぶこ）

神戸大学教育学部に学び、神戸市立小学校に勤務。
主として一年生を担任し、入門期の言語、文字指導について研究する。
子どもの本の会、児童詩、作文の会で活動した。
現在は、神戸常磐短期大学幼児教育科講師。

著書

・一年生になるまでに
・“あそびにっこり　ことばはっきり　えほんたっぷり”
・あじさい一輪　花むしろ＝神戸の民話
・詩集　花野へ　他

一年生までゆっくりと — ことば力　子ども力　それが学力

2004年8月20日　初刷発行

著　　者	井上　修子
発 行 者	大塚　智孝
印刷・製本	中央精版印刷株式会社
発 行 所	株式会社 エイデル研究所

102-0073 東京都千代田区九段北4-1-9
TEL　03(3234)4641
FAX　03(3234)4644

Printed in Japan　ISBN4-87168-376-1 C3037

いい家庭にはものがたりが生まれる

落合　美知子　定価1325円（本体1262円）

親と子が共に体験し、感動する。親が読み聞かせする絵本やおはなし、わらべうたが育んでくれるものが、最高の原体験となるのです。

美しいいのちから　ものがたりが生まれる

落合美知子　定価1500円（本体1429円）

家庭や教育のあり方、人や自然との関わり、本やおはなし、といった子育ての環境は、子どもの成長にいいものがたりを生みます。生命が美しく輝き、美しい生命を引き継ぐための実践書。

本の向こうに子どもが見えた

吉井　享一　定価1500円（本体1429円）

ちゃんとした子ども観・人間観を持つためには、良い本にめぐりあわなければなりません。なぜ筆者が「本の向こうに子どもが見えた」と断言するに至ったか。子どもと本の関わりがみえてきます。

絵本・昔話にみる楽しい子育ての知恵

松居　友　定価1121円（本体1068円）

絵本は読んでもらうもの。昔話の鬼や狼は父親、魔女や鬼婆は母親の象徴で、そこからいかに自立していくかを見事に説き明かしています。

こどもと絵本をたのしむために

野々川　輝一　定価1835円（本体1748円）

『絵本が子どもたちに与える影響ははかりしれない』と著者は言いきります。教科書の中に出てくる絵本の問題点をあげ、本当の絵本の魅力とその世界を育む感性を語る書。

絵本のオルゴール

おかあさんわたしのこと好き？

さいとう あきよ　定価1529円（本体1456円）

三人の子どもたちが眠りにつく前に、静かに心をこめて読み聞かせをつづけたら、お母さんも子どもたちも幸せになって、子育てがとっても楽になった……すぐに実践したくなるエピソードがいっぱい。

読み聞かせでのびる子ども

平井信義　岸井勇雄　中川志郎
佐野勝徳　梅本妙子　菅原久子
冨田信子　松居友

定価1325円（本体1262円）

幼児期にふさわしい生活とは、そして最も大切なものとは何でしょうか。

好きッ！

絵本とおもちゃの日々

相沢　康夫　定価1370円（本体1305円）

毎日、わが子たちに読み聞かせをし、ほんもののおもちゃで遊んでいる父親が書いた、飾らないエッセーとまんが集。これはすぐに「わが家」でもやれる！と好評。

まだ好き…

続・絵本とおもちゃの日々

相沢　康夫　定価1600円（本体1524円）

好評のエッセー・まんが集「好きッ！」の続編。おもちゃと絵本という〈道具〉を使い、子育てを少しでも楽に、そして愉しくする為の提案書。特におもちゃ好きには必見。

プーおじさんの子育て入門

柿田 友広 作　定価1575円（本体1500円）

相沢 康夫 絵

良いおもちゃと良い絵本は子育てを楽にしてくれます。両者は子どもがうつる鏡だと主張する筆者が、日常の子育てのあり方を分かりやすく、ビジュアルに書いた書。『好きっ！』の姉妹書

おもちゃの選び方　与え方

和久洋三 中川志郎 辻井正
梅本妙子 吉本和子 樋口正春 他

定価1377円（本体1311円）

良いおもちゃは、生きる力となる知識や技を育む場を提供してくれます。だからこそ、本当に良いものを選び与えなければならないのです。

子育てにおもちゃを

樋口　正春　定価1370円（本体1305円）

おもちゃは、子どもの成長や発達を助ける道具です。子どもの発達とおもちゃの関係、そして良いおもちゃの選び方を鋭く述べた解説書。

一年生になるまでに

遊びにっこり ことばはっきり えほんたっぷり

井上　修子　定価1377円(本体1311円)

１年生になるまでに必要な「レディネス」とは何か。人の話を聞く、人と話すことが出来る、考えを人に伝えることができる自己表現力。長年、小学校１年生を担任してきた著者が、そのノウ・ハウを伝えます。

子どもたちの輝く時を求めて

ある表現教育実践

太宰　久夫　山田真理子　編

定価1850円(本体1762円)

子どもたちがより自分らしさを表現できるために、大人は何をすればよいのか。本書は子どもたちがプロの演出家・脚本家・作曲家・舞踊家とともに1年3ケ月をかけて創ったミュージカルの実践報告書。

子育てルネッサンス

今を問い　子どもを考える

長谷　光城　定価1631円(本体1553円)

不登校、いじめ等の問題の芽は、幼児期の育ちにみられます。子どもの本質に根ざしたものに再生させる実践報告書。掲載の生き生きとした子どもたちの姿と絵に圧倒されます。

情報化時代の子育て

西村　辨作　定価1575円(本体1500円)

人類が脈々と引き継いできた子育ての方法やプロセスの中に現代文明の力が入ってきています。テレビやファミコンは幼い子どもの発達にどう影響を及ぼすのか、なぜ読み聞かせがいいのかなどがよく理解できます。

こころの育児書

思春期に花開く子育て

原田　正文　定価1835円(本体1748円)

子育ての結果は思春期に現れる側面があります。意欲ある、心豊かな人間に育てるためには、乳幼児からの積み重ね、適時性など法則があります。今、必要なのは「体の育児書」よりも、「心の育児書」です。

育つ歓び　いのちの輝き

心をつなぎ　心をいやす絵本

菅原　久子　定価1650円(本体1571円)

子育てが大変と悲鳴をあげる若いお母さん。子育てによって苦痛どころかあり余る幸せが感じられること、読み聞かせが、いかに母と子の心を一つに結び、人間らしい育ちの土台になることかを説く書。

アレルギー、小児成人病にならないための子育ての知恵

真弓　定夫　定価1325円(本体1262円)

「氣・血・動」という三つの観点からの子育て論。〔氣〕とは、病気・元気の「気」、〔血〕とは食べ物、〔動〕とは遊びです。子育てとは、決して難しいものではなく、日常体験を通しての生活の知恵から学ぶものなのです。

障害児保育の考え方と実践法

障害児を受け入れる保育環境とは

辻井　正　定価1529円(本体1456円)

障害のある子どもを理解し、保育現場で困らないために「保育環境ノウハウ」「発達上のつまずきを見つけ援助する方法」等、何をなすべきかを豊富なイラストと写真を付けて解説。すぐに実践できる書。

これからの保育

幸せに生きる力の根を育てる

岸井　勇雄　定価1650円(本体1571円)

学校で伸びる子を育てるには、乳幼児期に太くしっかりとした根＝人としての基礎を作っておかなければなりません。親子で絵本を楽しみ、信頼の絆を強くしていくことから、幸せに生きる力が出来ていくのです。

子どものよさを活かす

河合隼雄 子安美知子

松居直 遠藤豊吉　定価1050円(本体1000円)

子どものエネルギー、輝き、感動体験を育むには、大人は何をしなければならないか。筆者それぞれが語る言葉は、読む人の心に静かながら強く、そしていつまでも響いて残ります。

大人への児童文化の招待・上

河合隼雄 工藤左千夫　定価1529円(本体1456円)

親はつきることなく愛情を注ごうとします。しかし本来、親子関係の貸し借りはゼロのはず。ほんのちょっと親が接し方を変えてみたら……。

大人への児童文化の招待・下

神沢利子 佐野洋子 たかしよいち

松居友 加藤多一 柴村紀代

定価1529円(本体1456円)

北の風土とファンタジー・生と死をきちんと伝えたい＝神沢利子／たかが文学されど子ども＝佐野洋子／マンモスの悲劇・最後に信じるのは人間の善意＝たかしよいち

見直そう子育て　たて直そう生活リズム

リズムとアクセントのある生活を求めて

佐野勝徳・新開英二　定価1800円（本体1714円）

我慢できずにキレる子どもが増えているなか、子育ての何を見直さなくてはいけないのか。「当たり前の生活」そして「当たり前の子育て」を取りもどしませんか。

“今”からはじめる「育て直し」

問われる乳幼児体験

角田　春高　定価1800円（本体1714円）

年齢相応に育つ子どもが少数派になりつつあります。人としての基礎をつくる乳幼児体験が問われ、保育者による子どもの「育て直し」が求められています。

佐々木正美の子育てトーク

佐々木正美　定価1500円（本体1429円）

連日のように報道される青少年の事件。成長の過程で、彼らに何が不足していたのでしょうか。見えるようでなかなか見えない幼い子どもたちの心模様、心豊かな子に育つための生活のヒントを説く保育者必携の書。

幼児保育

子どもが主体的に育つために

吉本　和子　定価1800円（本体1714円）

乳児期を大切に育てられた子どもは幼児期にどう育っていくのか。保育者の悩みである「遊びの空間づくり」「子どものさまざまな遊び」の詳細を分解し、保育者の援助をわかりやすくまとめました。

乳児保育

一人ひとりが大切に育てられるために

吉本　和子　定価1800円（本体1714円）

子どもが生活習慣を身につけ、主体的に育つためには乳児期からの積み重ねが大切です。子どもの発達に合わせた配慮と援助を写真とともにわかりやすく紹介する保育実践書。初めての実践計画づくりの柱に。

保育かわらなきゃ

かわらなきゃ編・子ども理解編

赤西　雅之　定価1800円（本体1714円）

時代とともに、ますます便利になっていく保育環境。しかし肝心の子どもにとってはどうだろうか。変わらなくてはならない〈保育〉、理解しなくてはならない〈子ども〉について一歩一歩解説してくれます。

子育て小事典

幼児教育・保育のキーワード

岸井勇雄　定価1800円（本体1714円）

さまざまな育児情報が溢れ、それに振り回されやすい今日、必ず押さえておいてほしい、気をつけてほしい用語ばかりを集め、わかりやすく解説しました。保育者・教師、父母のための一冊。

うたと積木とおはなしと

渡邊　葉子　定価1800円（本体1714円）

乳幼児期に出会わせてあげたいおもちゃ・絵本・遊びをたくさんの写真とともに紹介。子ども一人ひとりの遊びを助け、子どもの発達に結びつけてくれます。保育の中で遊びと育ちをつなぐための保育実践書。

機微を見つめる

心の保育入門

山田　真理子　定価1650円（本体1571円）

現代は、「心の保育」がほんとうに大切。興味をもって、つぎつぎ読みすすんでいるうちに、読者の心も豊かになって、私も「心の保育」をこんなふうにやってみようという気持ちを起こさせてくれる…（河合隼雄氏推薦文より）

子育てのゆくえ

松居　和　定価1529円（本体1456円）

育児不安・幼児虐待が増加し、先進国といわれる国々が、同じ問題を抱えています。その一つであるアメリカの例を紹介し、日本の家族、地域、社会のあるべき姿を提案。これからの日本の学校と家族が共存する可能性を追求する書。

家庭崩壊　学級崩壊　学校崩壊

松居　和　定価1500円（本体1429円）

親たちは「子育て」を基盤に人間らしさを身につけてきました。その機会を奪うと、社会からモラルや秩序、忍耐力が消えていきます。親の役割を教育機関や福祉がしようとする時、家庭崩壊が始まります。

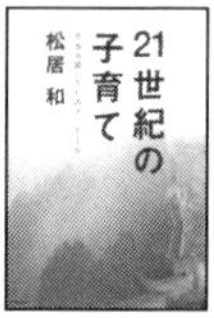

21世紀の子育て

松居　和　定価1800円（本体1714円）

子育てに幸せを感じるためには、どういう生き方をすればいいのか。混沌とした社会の中で、今、見直さなければならないことは何か、幸せの源は何かを熱く語る。20年先を見通した、こんな子育てしてみませんか。